Jürgen Schmieder

Der Frauenversteher

Jürgen Schmieder

Der Frauenversteher

Ein unerschrockener Selbstversuch

C. Bertelsmann

Verlagsgruppe Random House FSC® N001967

1. Auflage
Copyright © 2016 beim C. Bertelsmann Verlag
in der Verlagsgruppe Random House GmbH,
Neumarkter Str. 28, 81673 München
Umschlaggestaltung und -illustration: ©FAVORITBUERO, München
Illustration auf S. 9: © Hanni Schmieder
Satz: Uhl + Massopust, Aalen
Druck und Bindung: CPI books GmbH, Leck
Printed in Germany
ISBN 978-3-570-10201-5

www.cbertelsmann.de

Für meinen Sohn Finn – in der Hoffnung,
dass er dieses Buch niemals braucht

Inhalt

Bei den Geschichten in diesem Buch handelt es sich um wahre Begebenheiten. Weil einem das Gedächtnis bisweilen verrückte Streiche spielt, habe ich diese Erlebnisse so aufgeschrieben, wie ich mich daran erinnere – und nicht so, wie sie tatsächlich passiert sind.

Es soll keineswegs der Versuch sein, mich über Freunde, Feinde und Exfreundinnen lustig zu machen – auch wenn mir dieser Gedanke hin und wieder in den Sinn gekommen ist. Sollten Sie also denken, Sie sind gemeint, dann darf ich Ihnen versichern: Sie sind es nicht.

Prolog

»Nein. Nein, nein. Nein, nein, nein. Oh Gott: Nein!«

Das ist die Reaktion meiner Frau auf meine Kleiderwahl für diesen Abend, die sie für einen textilen Offenbarungseid hält. Sie erklärt mir nicht, was genau ihr nicht gefällt oder warum, doch siebenmal »Nein« und das Anflehen des Allmächtigen ist eine eindeutige Reaktion. Ganz ehrlich: Ich habe keine Ahnung, was sie von mir will – so wie ich selten Ahnung davon habe, was Frauen von mir wollen.

Der Dresscode für diesen Abend lautet *Cocktail Attire* – ich habe im Benimmbuch nachgesehen und kann an meinem Outfit keinen Fehler erkennen: eine graue Stoffhose ohne Löcher. Ein schwarzes Hemd, das nicht in die Hose gestopft ist. Ein blaues Jackett, auf dessen rechtem Ärmel handschriftlich ein Rezept für einen Whisky-Cocktail vermerkt ist. Ein paar Accessoires wie eine Halskette mit Bärenzahn und Lederarmbänder, dazu Star-Wars-Sneakers. Ich finde das alles ziemlich elegant und interpretiere es auch als lakonischen Kommentar zu der Veranstaltung, die wir besuchen werden. Vor allem aber finde ich es: bequem.

Wir sind eingeladen auf eine Feier, auf der Geld für die Grundschule unseres Sohnes gesammelt wird. Das bedeutet, dass sich die Eltern betrinken und danach immense Summen bezahlen sollen für Sachen, die andere Eltern organisiert haben: Kunstwerke, Eintrittskarten für Popkonzerte und Sportereignisse, seltene Weine, Urlaubsreisen. Solche Sachen eben. Es ist ein gesellschaftliches Ereignis in unserer kleinen Stadt in der Nähe von L.A., wo wir seit knapp drei Jahren leben. Es geht auch darum, sich möglichst fehlerfrei zu präsentieren und anschließend über die kleinen Fehler der anderen zu lästern. Da ich gerne lästere und außerdem viele meiner Freunde anwesend sein werden, freue ich mich auf diese Veranstaltung.

Es gab zudem Gerüchte, dass Whisky-Cocktails fließen werden wie Wasser (deshalb das Jackett), dass eine Karte für die *Star-Wars*-Premiere versteigert wird (die Sneakers) und dass die Verpflegung vom besten Steakhouse der Stadt (Hemd nicht in der Hose) geliefert wird. Dünn sein kann sich niemals so gut anfühlen, wie ein Stück Fleisch vom Spieß dieses Grillmeisters schmeckt. Ich finde mein Outfit stilvoll, präsentabel und passend.

»Nein. Nein, nein. Nein, nein, nein. Oh Gott: Nein!«

Hanni trägt ein hautenges Kleid, das als *kurzes Blaues* durchgeht. Durch die Schuhe, die sie trägt, wächst sie innerhalb weniger Sekunden um sechs Zentimeter, ihre Brüste wachsen durch den BH um eine Körbchengröße. Sie macht das nicht wegen mir, sagt sie. Sie macht das nicht wegen der anderen Gäste, sagt sie. Sie macht das für sich selbst, sagt sie. Sie fühlt sich sexy, sie fühlt sich schön.

Ich würde am liebsten die Polizei rufen, weil es verboten sein muss, derart gut auszusehen. Ich finde meine Frau aber auch dann hinreißend, wenn sie verschwitzt vom Sport zurückkommt, abends im Schluffi-Schlafanzug ins Bett gekrochen kommt oder mich morgens mit verwuschelten Haaren angähnt. Es gehört zu den Ungerechtigkeiten der Natur, dass Frauen durchschnittlich mindestens zwei Attraktivitätsstufen über Männern stehen – den Spruch »Was will so eine tolle Frau mit einem wie ihm?« habe ich ungefähr zehntausendmal in meinem Leben gehört, umgekehrt noch nie.

Aber, und das ist meine Frage, fühlt sie sich auch wohl?

»Nein. Nein, nein. Nein, nein, nein. Oh Gott: Nein!«

Sie könne kaum atmen, die Füße würden schon jetzt schmerzen, und sie wisse nicht, ob sie tatsächlich den ganzen Abend den Bauch einziehen könne. Sie sagt, dass sie in diesem Outfit ungefähr vier bis sieben Stunden existieren könne, dann würden entweder Fußkrämpfe oder Ohnmacht einsetzen. Ich solle sie bestenfalls vor dem Einsetzen einer der beiden Varianten nach Hause bringen.

Ich habe das nie wirklich verstanden, warum jemand derart leidet, nur um sich hübsch zu fühlen. Damit wir uns nicht falsch verstehen: Ich betrachte im Spiegel auch gerne einen Mann, der einigermaßen präsentabel aussieht. Ich freue mich, wenn mir jemand zuzwinkert oder hinterhersieht. Ich fühle mich geschmeichelt, wenn mir jemand mitteilt, dass ich gut aussehe – mittlerweile auch dann, wenn es mit dem Zusatz »für dein Alter« versehen ist.

Was ich nicht kapiere: Warum leidet ein Mensch freiwillig auf einer Veranstaltung, die doch der Erheiterung dienen soll?

Ich will es dennoch versuchen, weil ich optisch nicht vier Stufen unter Hanni stehen möchte an diesem Abend. Ich überlasse ihr deshalb die Wahl meiner Kleidung. Nein, ich werde nicht in High Heels und Abendkleid auf diese Party gehen. Aber es gibt ja andere Möglichkeiten. Weg mit der Hose, dem Hemd und den Sneakers – nun wird tief im Kleiderschrank gegraben. Ganz tief.

Ich bekomme von meiner Frau eine schwarze Stoffhose überreicht, die ich mir vor ungefähr sieben Jahren gekauft habe. Sie sitzt immer noch, wenn ich aufrecht stehe, den Bauch einziehe und die Luft anhalte. Sitzen wird an diesem Abend also keine Option sein. Sie gibt mir ein Hemd, das aufgrund des Baucheinziehens und Luftanhaltens perfekt passt, mir jedoch in Kombination aus geschlossenem Knopf und streng gebundener Krawatte die Luft abschnürt. Ich bekomme bei jedem Atemzug ungefähr fünfunddreißig Prozent der Luft, die ich normalerweise einatme.

Das alles wäre in Ordnung, würden da nicht die schwarzen

Schuhe stehen, vor denen ich ungefähr so viel Angst habe wie vor Altersarmut und Spinnen. Sie sehen edel aus, führen aber bei zu langem Tragen zu heftigen Schmerzen – nicht nur an den Füßen, sondern auch im Rücken. Die Dinger sind das Gegenteil dieser MBT-Gesundheitsschuhe. Ich muss mich alle dreißig Minuten hinsetzen, wenn ich diese Schuhe trage. Nur: Hinsetzen ist nicht erlaubt an diesem Abend, in dieser Hose und in diesem Hemd.

Meine Frau sagt:»Ja. Ja, ja. Ja, ja, ja. Oh Gott: Ja!«

Ich denke:»Nein. Nein, nein. Nein, nein, nein. Oh Gott: Nein!«

Ich traue mich nicht, einen kompletten Luftzug zu mir zu nehmen. Ich verweigere die Aufnahme des köstlichen Rindfleisches, auf dem gewöhnlich mein Name vermerkt ist, weil ich Angst vor einem Eklat durch geplatzte Hose oder aufgerissenes Hemd habe. Ich trinke nichts, was in irgendeiner Form für Blähungen sorgen könnte. Auf der Tanzfläche bewege ich mich so, wie meine Frau seit Jahren fordert, dass sich ein Mann mit meiner Grobmotorik bewegen sollte: Wippen von einem Bein auf das andere und reduziertes Wackeln mit angewinkelten Armen.

Aber: Ich bekomme Komplimente, die nicht so dahingesagt sind, sondern wie ehrliche Anerkennung klingen. Eine Freundin fragt:»Gehst du ins Fitnessstudio in letzter Zeit? Du hast total abgenommen!« Eine andere sagt:»Ihr zwei seht zum Anbeißen aus – ich würde euch glatt mit nach Hause nehmen.« Ein Mann im Schottenrock nickt mir anerkennend zu und drückt damit aus: Jawohl, das rockt! So viele Komplimente habe ich in den vergangenen zwölf Monaten zusammen nicht bekommen wie an diesem Abend. Die Frau, die uns mit nach Hause nehmen wollte, sagt kurz vor dem Ende der Party noch einmal:»Sexy!«

Das ist der Augenblick, in dem wir nach Hause gehen – nicht nur wegen dieser offensiven Aufforderung, sondern auch deshalb, weil bei Hanni nun doch Krämpfe und Atemnot einsetzen.

Wir wanken und watscheln nach Hause, beide befreit von den Schuhen, doch noch immer gefangen in Kleid und Hose. Wir stützen einander und müssen wirken wie zwei Amateursportler, die gerade aufgrund einer verlorenen Wette einen Marathon absolviert haben und sich die letzten beiden Kilometer gegenseitig ins Ziel schleppen. Zu Hause fallen wir aufs Bett, meine Füße schmerzen, mein Rücken tut weh – und der Alkohol entfaltet jetzt erst seine Wirkung, da ich wieder komplett einatmen darf.

Aber ich fühle mich gut. Hübsch. Attraktiv. Sexy. So wie meine Frau, die sich langsam aus ihrem Kleid schält, sich die Füße massiert und mir mitteilt, dass sie nun nicht mehr viel zu sagen gedenkt außer: »Ja. Ja, ja. Ja, ja, ja. Oh Gott: Ja!«

Ich habe verstanden.

Kapitel 1

Anmelden auf der Venus

Ich habe verstanden.

Das ist der wichtigste Satz dieses Projekts, das mit einer harmlosen Aussage in einer Talkshow begonnen hat: »Bei einer Diskussion will meine Frau nicht meine Meinung hören – sondern ihre eigene in einer tieferen Stimme.« Meine Frau allerdings fand diesen Satz ungefähr so lustig, als hätte ich ihr die Unterhose bis zu den Achseln hinaufgezogen.

Ich habe in meinem Leben nun schon ein paar Projekte absolviert: Ich habe vierzig Tage lang nicht gelogen, ich habe fünfzig verschiedene Diäten probiert, ich habe sämtliche Religionen der Welt auf Brauchbarkeit und Erlösungsgrad getestet und mich an alle Gesetze gehalten, die es in Deutschland gibt. Ich habe das freiwillig gemacht, weshalb die Vollzähligkeit der Tassen in meinem Schrank von mittlerweile sehr vielen Menschen angezweifelt wird.

Meine Frau jedoch war stets zur Teilnahme gezwungen und musste dabei bisweilen leiden wie ein Pinguin in der Sauna. Wer sagt seiner Frau schon, dass sie einen dicken Hintern hat? Wer will sie dazu verführen, es doch mal mit Voodoo und Satanismus zu versuchen? Wer zeigt sie wegen Ruhestörung an? Hanni hat eine Liste erstellt, auf welche Weise ich sie nun bereits öffentlich beleidigt habe, nur um die Verkäufe meiner Bücher zu steigern. Darauf unter anderem vermerkt: die Größe ihres Hinterns, die Größe ihres Gehirns, ihre Größe insgesamt.

Ihre Fähigkeiten als Köchin, als Martial-Arts-Kämpferin, als Sportlerin überhaupt. Und nun kommt noch Kritik an ihrer Diskussionsstrategie hinzu.

Meine Frau beweist seit zehn Jahren – so lange sind wir bereits verheiratet –, dass sie hier die Märtyrerin ist. Ich stehe deshalb tief in ihrer Schuld. Ich stecke nicht nur knöcheltief drin, sondern bis zum Kinn, weil sie mich nicht nur während der Selbstversuche ertragen muss, sondern auch an allen anderen Tagen. Die Aussage in dieser Talkshow ist eine prächtige Arschbombe in das Fass, das nun nicht überläuft, sondern explodiert.

Ich habe ihr deshalb versprochen, dass sie den nächsten Selbstversuch wählen darf und ich genau das Projekt absolviere, das sie sich aussucht. Ohne Widerworte.

Finde heraus, wie es sich anfühlt, eine Frau zu sein.

Sie sagte: »Du sollst keine Frau sein oder als Frau leben – das ist völliger Quatsch. Du bist nun mal ein Mann, und das lässt sich nicht ändern. Lässt sich vielleicht schon, muss aber nicht sein. Mir würde schon reichen, wenn du Frauen verstehst.«

Ich soll Frauen verstehen.

Dazu fällt mir ein Witz ein: Ein Mann geht am Strand spazieren. Er findet im Sand eine alte, kostbar aussehende Flasche aus Kristall. Neugierig öffnet er sie, es erscheint ein riesiger Kerl mit einem Turban. »Du hast mich gerufen? Ich bin der Flaschengeist, und du hast jetzt einen Wunsch frei!«

Der Mann überlegt: »Ich wollte immer schon mal nach Amerika. Aber ich habe Flugangst und werde auch leicht seekrank. Am liebsten würde ich mit dem Auto fahren. Ich wünsche mir eine Brücke über den Atlantik!«

Der Geist sagt: »Bist du verrückt? Weißt du, wie lang so eine Brücke ist? Und wie viele Betonpfeiler man dafür braucht? Und wie hoch diese Pfeiler sein müssen? Der Ozean ist bis zu viertausend Meter tief! Wir müssten außerdem alle paar Hundert Kilometer eine Tankstelle errichten, da kein Auto eine solche Strecke ohne Auftanken zurücklegen kann. Außerdem gibt das Ärger mit Greenpeace. Hast du nicht was anderes?«

Der Mann: »Weißt du, wenn Frauen mir etwas erzählen, kann ich nie einen Zusammenhang erkennen. Und sie erwarten Dinge von mir, in denen ich keinen Sinn sehe. Mein Wunsch ist, die Frauen endlich verstehen zu können.«

Der Geist: »Diese Brücke: zweispurig oder vierspurig?«

Ich soll nun also möglichst oft sagen: Ich habe verstanden. Das Problem ist zunächst, dass ich zu Beginn noch nicht einmal weiß, was es da überhaupt zu verstehen gibt. Mir wird seit Jahren wie vielen anderen Menschen eingeredet, dass Frauen von der Venus seien und Männer vom Mars – zwei grundverschiedene Spezies also, die einander keinesfalls verstehen können. Warum es also überhaupt versuchen? Natürlich ist das Bequemlichkeit, aber wer steigt schon in eine Rakete zur Venus, wenn er weiß, dass einen die Bewohner dort sowieso nicht kapieren? Da bleibt man doch lieber auf dem eigenen Planeten und beschwert sich darüber, dass einen die anderen nicht verstehen.

Es gibt eine ganze Industrie, von Komikern und Kolumnistinnen über geschlechtsspezifische Zeitschriften bis hin zu Psychologen und Philosophen, die wahnsinnig viel Geld mit der allgemein bekannten Tatsache umsetzt, dass sich Männer und Frauen nicht verstehen können. Warum muss ich denn nun derjenige sein, der in einen Transporter zum Mars gesteckt wird mit dem Auftrag, nützliche Erkenntnisse mit nach Hause zu bringen? Das ist eine Mission, die schon vor dem Start gescheitert ist – und genau deshalb so interessant ist.

Vor dem Abflug zur Venus schicke ich eine Botschaft zu diesem Planeten, um meinen Besuch anzukündigen und etwas über die Begebenheiten zu erfahren. Ich habe mehr als zweitausend Frauen über Facebook, Twitter und E-Mail angeschrieben, dazu habe ich Verwandte und Freunde angesprochen mit den Fragen: *Was muss ein Mann erleben, damit er weiß, wie es sich anfühlt, eine Frau zu sein? Was muss er tun, um Frauen zu verstehen?* Ich habe insgesamt Antworten von knapp tausend Befragten erhalten, die zwischen neun und siebenundachtzig Jahre alt waren – und es dürften so ziemlich jede gesellschaftliche Schicht und auch sehr viele Lebenslagen repräsentiert sein.

Frauen sind, auch wenn ich sie nicht verstehe, gar wunderbare Geschöpfe, Kunstwerke der Natur. Auch das weiße Album der Beatles ist ein Kunstwerk, das ich niemals komplett verstehen werde, so wie *Ulysses* von James Joyce oder viele Gemälde von Salvador Dalí. Das Nichtverstehen gehört zur Mystik und das Entschlüsseln des Verborgenen zu einer der spannendsten Aufgaben des Lebens.

Ich gehe deshalb in meiner männlichen Naivität davon aus, ausschließlich wunderbare Antworten auf meine einfachen Fragen zu bekommen, so wie Gespräche mit anderen Beatles-Fans oder einem Dalí-Experten erhellend und erfreulich sind. Ich stelle mir das Leben auf der Venus als ein harmonisches Beisammensein vor, dessen Idylle nur dadurch gestört wird, dass sich die Bewohner immer wieder mal auf der Erde mit diesen Aliens vom Mars treffen müssen, um den Fortbestand der Spezies zu sichern.

Ich habe diesen Typen vom Mars übrigens die gleiche Frage gestellt, nur eben in Bezug auf das Mannsein und das Männerverstehen – also: »Was muss eine Frau erleben, damit sie weiß, wie es sich anfühlt, ein Mann zu sein? Was muss sie tun, um Männer zu verstehen?« In verschiedenen Variationen habe ich immer nur diese Antwort bekommen: »Setz dich auf die Couch, kraul intensiv deine Geschlechtsteile. Dann tue fünf Minuten lang so, als würdest du deiner Freundin oder Frau zuhören, während sie dich beschimpft. Besauf dich, iss einen Burger, gucke einen Actionfilm, rede mit deinem besten Kumpel über Fußball – und dann versuche, die gerade noch nörgelnde Frau zum Sex zu überreden.« Männer finden sich und ihr Leben grundsätzlich in Ordnung, abgesehen von Beschwerden über Lieblingsverein oder Lebenspartner – wobei die Details auffällig ähnlich klingen. Von »Früher war alles besser« über »Die müssten mal wieder was tun« bis hin zu »Ich will die nicht mehr mögen, aber was soll ich machen?«.

Bisher dachte ich immer, dass Frauen zumindest sich selbst auch ganz in Ordnung finden. Ich vermutete, einzig Männer und die Folgen männlicher Anwesenheit wären der störende Teil eines ansonsten gar herrlichen und prächtigen femininen Daseins. Vor allem rechnete ich damit, dass Frauen lieber die schönen Teile ihres Lebens herausstellen, anstatt wie Männer diese Mischung aus Macho und Märtyrer zu mimen.

Aber: Dieser Planet Venus, das muss ein gar schrecklicher Ort sein. Zumindest deuten das die Botschaften der tausend Frauen an. Ich entdecke in den Antworten einen Trend, nach dem es ein Mensch kaum schlimmer treffen kann im Leben, als mit zwei X-Chromosomen ausgestattet zu sein. Das weibliche Dasein muss sich anfühlen wie eine Mischung aus Brennen im Intimbereich, extremen Schmerzen im Intimbereich, starkem Kopfweh, einem Stechen im Bauch und vor allem kalten Füßen. Dazu kommen hormonell bedingte Wutausbrüche und masochistische Selbstkasteiungen.

Den Antworten zufolge lässt sich der Unterschied zwischen Männern und Frauen ungefähr so darstellen:

Ein Tag im Leben eines Mannes

Ein Tag im Leben einer Frau

Die Antworten sind nämlich nicht: »Genieße das Leben.« Oder: »Verführe deinen Partner allein durch ein Lächeln.« Oder: »Erlebe die Fähigkeit zu multiplen Orgasmen.«

Die Antworten sind: »Heißwachs in der Bikinizone.« Oder: »Stundenlang auf Dreizehn-Zentimeter-Absätzen herumlaufen.« Oder: »Mal eine anständige Migräne erleben.«

Ich rechnete mit: »Simuliere eine Schwangerschaft: Iss, was immer du willst. Ziehe die Klamotten an, auf die du Lust hast und die bequem sind. Sorge durch dreimal heftiges Stoßatmen mit einer Hand am schmerzenden Rücken dafür, dass du einen Platz im Restaurant ergatterst. Freu dich darüber, dass du keinen Strafzettel bekommst, obwohl du ihn verdient hast. Benimm dich wie ein Verrückter, sei vergesslich und verstrahlt – und werde dennoch wie eine heilige Kuh behandelt. Bekomme einen hysterischen Heulkrampf vor deinem Chef und werde dennoch nicht rausgeworfen. Und dann erlebe das Wunder der Geburt am eigenen Leib.«

Bekommen habe ich: »Simuliere eine Schwangerschaft: Werde fett, laufe mit geschwollenen Knöcheln herum und lass dir von jedem Fremden den Bauch tätscheln. Lass tausend unerwünschte Ratschläge über dich ergehen, watschle wie ein Pinguin – und lebe in der ständigen Angst, dass du aus dem Job geekelt wirst. Und dann presse eine Wassermelone durch einen Strohhalm.«

Dieser Planet Venus ist offensichtlich ein Ort voller Schmerz und Pein.

Die Antworten waren nicht: »Lass dir für hundertfünfzig Euro die Haare schneiden!« Oder: »Such dir einen schwulen besten Freund.« Oder: »Habe Spaß auf einem Spice-Girls-Konzert!«

Sie waren: »Regelmäßig die Periode haben und dabei leiden.« Oder: »Finde keine beste Freundin.« Oder: »Leite menstruierend ein börsennotiertes Unternehmen.«

Ich habe außerdem herausgefunden, dass Frauen das Leben auf der Venus auch ohne Männer nicht besonders idyllisch finden. Bei meiner Umfrage unter Männern waren, wie bereits erwähnt, Selbstzufriedenheit und Selbstgerechtigkeit festzustellen; wir finden auch unsere Geschlechtsgenossen recht prima, solange sie sich nicht für dieselbe Frau oder einen anderen Fußballverein begeistern – da hört der Spaß auf. Grundsätzlich können wir bei einem Bier sämtliche Differenzen zumindest kurzfristig ausräumen – was durchaus zur Frage führt, warum sich Politiker nicht viel öfter gemeinsam betrinken. Aber egal. Frauen jedoch, das zeigen die Antworten, denken über sich selbst, dass sie intrigante Gestalten sind.

Sie schreiben nicht: »Such dir eine tolle beste Freundin, mit der du alles im Leben teilst.« Oder: »Kauf dir einen Pulli und teile ihn mit deinem besten Freund.« Oder: »Bewundere die Schönheit deiner besten Freundin.«

Sie schreiben: »Gehe auf eine Party und lästere über das Outfit jedes Gastes.« Oder: »Rede hinter dem Rücken über deinen besten Freund.« Oder: »Such dir einen besten Freund nur deshalb, weil er hässlicher ist als du.«

Und, aber das habe ich geahnt, halten sie uns Männer nicht wirklich für eine liebenswerte Lebensform.

Die Antworten sind nicht: »Lebe einen Monat lang in einer perfekt aufgeräumten Wohnung.« Oder: »Lass dich von an dir interessierten Menschen zu teuren Getränken einladen.« Oder: »Schließe in der Arbeit sinnvolle Allianzen aufgrund deiner sozialen Kompetenzen.«

Sie lauten: »Räume die dreckige Wäsche deines Partners weg, der sich wie eine Wildsau aufführt.« Oder: »Spüre, wie es sich anfühlt, in einer Bar von Menschen belästigt zu werden, an denen du überhaupt kein Interesse hast.« Oder: »Erlebe konsequente Benachteiligung am Arbeitsplatz, nur weil du eine Frau bist.«

Eine nicht zu leugnende Tendenz in den Antworten zeigt, dass Frauen denken, die Erde wäre ein besserer, friedlicher und freundlicher Ort, wenn man den Männern vor einigen Jahrhunderten einen eigenen Kontinent zugeteilt hätte, auf dem sie sich gegenseitig die Köpfe einschlagen können und den Frauen nur besuchen, um Proben der zur Fortpflanzung nötigen Substanz abzuholen. Also tatsächlich eine Art Aufteilung in Venus und Mars. Oder noch besser: Würde es nur noch Frauen geben, dann hätten sie längt ein Serum erfunden, dass die männlichen Sexualauswürfe ersetzt und mit dem sie ausschließlich Mädchen zeugen können.

Die dritthäufigste Antwort nämlich ist: »Schalte dein Gehirn ein.« Die zweithäufigste: »Schalte den Penis aus.« Und die häufigste: »Hör auf, mit dem Penis zu denken – und benutze stattdessen den Kopf.« Nett ist das nicht.

Nun habe ich Angst. Nicht jene Sorte Angst, als würde man in seinem Schlafzimmer eine Spinne entdecken oder eine Achterbahn betreten. Da weiß man, dass einem ein gehöriger Schrecken eingejagt werden soll, aber grundsätzlich nichts passieren kann – obwohl die Schilder »Aushilfe zum Aufbau gesucht« auf dem Volksfestplatz nicht gerade zur Beruhigung beitragen. Die Angst besteht darin, dass ich aufbrechen muss zu einem Planeten, den ich bislang sowieso nicht verstanden habe, der mir nun aber als Ort beschrieben wird, an dem es ziemlich ungemütlich für mich werden dürfte.

Bei meinen bisherigen Projekten habe ich zum großen Teil selbst bestimmt, welche Versuche ich unternehmen möchte. Es war immer meine Entscheidung: mit wem ich spreche, welche Orte ich besuche und welche Dinge ich ausprobiere.

Nun werde ich dazu gezwungen – von Frauen, die mir Aufträge erteilen. Ein Expertengremium, bestehend aus meiner Frau, meiner Schwiegermutter, meiner Schwägerin, meiner besten Freundin, drei Bekannten und drei Facebook-Fans, soll die häufigsten und interessantesten Aufgaben herausfiltern. Tausend Antworten, zehn Frauen, eine Aufgabe: Verstehe die Frauen.

Sollte nun also eine Frau glauben, dass diese Aufträge voller Klischees sind und überhaupt nicht das wahre weibliche Leben abbilden, dann möchte ich sie bitten, nicht mir die Schuld dafür zu geben, sondern ihren Chromosom-Kolleginnen. Und sollte ein Mann denken, dass all die Aufgaben viel zu einfach sind: Probieren Sie das ruhig mal selbst aus, und dann schreiben Sie darüber. Ich werde es gerne lesen.

Ich ahne nun, am ersten Tag dieses neuen Projekts, dem Hanni den Namen *Der Frauenversteher* gegeben hat: Es gibt für einen Mann keine größere Herausforderung, als Frauen verstehen zu wollen, und allein der Versuch kann ganz böse ausgehen. Zumindest das habe ich schon verstanden.

Kapitel 2

Verführung in der Bar

Kennen Sie das auch? Diesen Moment, in dem Sie bemerken, dass das alles nicht wirklich sein kann, weil es zu gut ist. Diesen Augenblick, in dem sich Ihr Partner bei Ihnen wegen eines Streits entschuldigt, in dem sich Miley Cyrus (oder Chris Hemsworth) in Sie verliebt oder Sie tatsächlich das letzte Stück vom Geburtstagskuchen bekommen? Wenn Sie also verstehen, dass das alles ein Traum sein muss. Oder eine verrückte Fantasie. Oder auch die Aufnahme ins Himmelreich nach dem Tod. Sie wissen nur: Realität kann das keinesfalls sein. Realität ist nicht so toll.

Genau das erlebe ich gerade.

Ich stehe auf der Tanzfläche einer Bar, aus den Boxen dröhnt ein Song, in dem Justin Timberlake verkündet, dass er seine Partnerin rocken und umarmen will – und er wolle jetzt nicht respektlos daherkommen, aber am Ende dieses Liedes will er sie entblößt haben. Eine attraktive Blondine hat sich offenbar zum Ziel gesetzt, dieses Vorhaben bei mir umzusetzen, jedenfalls versucht sie seit ein paar Minuten, die obersten Knöpfe meines Hemds zu öffnen. Zwei hat sie schon geschafft. An meinem rechten Bein rubbelt eine andere Frau ihren Hintern, als wäre sie eine läufige Hündin. *Twerking* nennt man das heutzutage – und es sieht von der Nähe aus betrachtet nicht wirklich so sexy aus wie in den Musikvideos von Miley Cyrus. Eher wie das Watscheln eines Pinguins auf der Suche nach einem verlorenen Ei oder eben eine läufige Hündin. Aber ich halte mich an den Ratschlag von Timberlake und werde nicht respektlos. Ich spiele mit – warum auch nicht? So was passiert gewöhnlich nur Popstars und Profisportlern und vielleicht noch Milliardären. Aber nicht mir.

Hinter mir befindet sich noch eine Frau, die mich aggressiv dazu auffordert, sie doch bitte schön anzuwerken und eine Twerk-Polonaise zu starten. Als Belohnung für meinen Hüftwackler bietet sie mir einen Cocktail an – den ich ablehne mit dem Hinweis, dass ich in meiner rechten Hand bereits ein Getränk halte, dessen Alkoholgehalt bei knapp neunzig Prozent liegt und für das ich wie für alle anderen Getränke keinen Cent bezahlt habe. Das haben die Frauen übernommen, die sich nun an mir reiben und ganz offensichtlich beschlossen haben, dass meine Attraktivität dazu ausreicht, in mich zu investieren.

Drei attraktive Frauen wollen sich an mir reiben beziehungsweise von mir gerieben werden. Sie bieten mir Alkohol dafür an. Für einen Menschen wie mich, der dankbar ist für jede Frau, die nett genug ist, überhaupt mit mir zu reden, kann das nur bedeuten, dass der Tod mal wieder überaus effektiv war bei seiner Arbeit und mich hinübergeschickt hat ins Reich all jener, die zu Lebzeiten brav genug waren, dass sich nun ein paar Träume wie Wirklichkeit anfühlen.

Ich gehe kurz auf die Toilette, um zu überprüfen, ob mich das Jenseits zu einem attraktiveren Mann gemacht hat. Leider nicht, ich habe immer noch dasselbe Gesicht, das ich von der Natur bekommen habe. Ich bin nicht tot, ich lebe noch. Das hier passiert wirklich. Und ich befinde mich auch nicht auf einer dieser legendären Partys in der Playboyvilla, von denen Menschen wie ich stets nur hören. Es ist auch kein Bordell, in dem man für genug Geld alles bekommen soll – auch davon habe ich bislang nur gehört. Es ist eine Bar. Sie heißt The Bull Pen und gilt in den meisten Reiseführern als eine der berühmtesten Cougar-Bars von Los Angeles. Ich bin, das weiß ich jetzt, in einer Bar auf der Venus.

Cougars, das sind laut *Urban Dictionary* Frauen im Alter zwischen vierzig und neunundvierzig Jahren, die sich in diesen Etablissements auf Jagd nach bestenfalls jüngeren Männern begeben. Frauen zwischen dreißig und neununddreißig Jahren nennt man *Puma*, zwischen fünfzig und neunundfünfzig Jahren *Jaguar* und zwischen sechzig und achtundsechzig Jahren *Panther*. Eine Frau, die exakt neunundsechzig Jahre alt ist, gilt übrigens als *Pussycat*. Warum? Weiß ich nicht. Klingt aber gut.

Bei den liebreizenden Geschöpfen neben und hinter und manchmal auch unter mir handelt es sich um zwei Cougars und einen Puma, langsam pirscht sich auch ein Jaguar heran, vor dem ich tatsächlich ein bisschen Angst habe, weil sie seit ein paar Minuten ihre Krallen präsentiert. Sie alle wollen mich betrunken machen und meine fehlende Zurechnungsfähigkeit danach ausnutzen, um sexuelle Gefälligkeiten zu bekommen. Kurz: Ich werde gerade ganz gewaltig abgefüllt.

Ich wurde noch nie abgefüllt – zumindest nicht von jemand anderem außer mir selbst. Der umgekehrte Fall kann schon mal vorgekommen sein, obwohl ich niemals zugeben würde, dass ich versucht habe, eine Frau betrunken zu machen, damit sie danach mit mir schläft. Ich würde das eher mit »die Stimmung lockern« umschreiben, was natürlich gelogen ist. Nun aber lockern ein paar Frauen meine Stimmung – und ich lasse das mit relativ wenig Gegenwehr geschehen.

Es fühlt sich an wie der Beginn eines Pornofilms. Diese Streifen sind gewöhnlich auf Zelluloid gepresste Männerfantasien ohne jeglichen Bezug zu dem, was in der wahren Welt passiert – also da, wo die normalen Menschen wohnen, denen die Natur Brüste mit Schwerkraft und Speckröllchen und Pickel geschenkt hat. Diese Filme beginnen meist harmlos mit einem Klempner, der irgendwo ein Rohr zu verlegen hat. Oder einem Lokführer, der den Zug im Tunnel zu parken hat. Oder einem Maskierten, der fragt, warum da Stroh rumliegt.

Liebe Frauen, sollte Ihr Mann oder Freund oder Lebenspartner nun behaupten, noch nie etwas von Rohren und Tunnels und vor allem herumliegendem Stroh in einem Film gesehen zu haben, dann handelt es sich bei ihm entweder um einen Lügner oder Langweiler – in beiden Fällen sollten Sie über eine Trennung nachdenken.

Ich muss mich jedoch nicht kneifen, das übernimmt die Frau hinter mir. Sie heißt Cindy, sie ist der Puma und zwickt zuerst vorsichtig in meine rechte Pobacke und greift danach aufgrund mangelnden Protestes meinerseits recht entschlossen zu. Jetzt mal ehrlich: Der Besuch in einer Cougar-Bar war die beste Idee meines Lebens! Das Beste daran: Die Idee stammt nicht von mir, sondern von meiner Frau. Noch besser: Sie stammt von ungefähr dreihundertfünfzig der befragten Frauen und wurde einstimmig ins Programm aufgenommen.

Der Auftrag war: *Verstehe, warum es uns Frauen tierisch nervt, wenn wir beim Weggehen andauernd von Männern angemacht werden. Und warum wir manchmal sogar Angst haben.*

Es nervt überhaupt nicht, es ist ein Riesenspaß, und ich habe keine Ahnung, wie Frauen das in irgendeiner Form negativ interpretieren können, wenn sie derart viel Aufmerksamkeit bekommen. Jetzt mal ehrlich: Da interessieren sich gerade mehr als drei Exemplare paarungswilliger Erwachsener für mich, sie bezahlen sogar für jedes Getränk, das ich haben möchte – solange genug Alkohol darin enthalten ist. Und alles, was ich dafür tun muss, ist die Klappe zu halten und immer schön süß und knuffig zu winken. Und vielleicht endlich auch den drittobersten Knopf meines Hemdes zu öffnen.

Ich genieße jede einzelne Sekunde – und ich verstehe überhaupt nicht.

Die Debatte ist grundsätzlich ungefähr so alt, wie es Männer und Frauen gibt. Männer können nicht verstehen, was daran denn so schlimm sein soll, wenn einen jemand anspricht und einem bestenfalls auch noch einen Cocktail finanziert. Mich jedenfalls hat in meiner mittlerweile siebenunddreißigjährigen Karriere als Mann noch niemals eine Frau in einer Diskothek angeflirtet – weshalb ich zu Studienzeiten bereits die

Wette abgeschlossen habe, auf jeden Fall jene Frau nach Hause zu begleiten, die mir einen Drink spendiert. Ich musste diese Wette nie einlösen, was mich bisweilen über meine Wirkung auf Frauen nachdenken lässt, die offensichtlich bei knapp über null liegt. Vielleicht auch einfach nur bei null.

Bis zu diesem Abend. Ich bin der König dieser Bar, so wie fast alle Männer hier drin wie Könige behandelt werden.

Hanni und ich haben lange darüber diskutiert, wie wir erreichen könnten, dass mich so viele Menschen ansprechen, wie sich gewöhnlich für sie bei einem Mädchenabend in einer gewöhnlichen Diskothek interessieren. Wir haben zunächst eine Schwulenbar in Erwägung gezogen, doch erschien uns das arg klischeebehaftet. Zum anderen lehnte meine Frau ab mit den Worten: »Du bist kein fünfundzwanzig Jahre alter Adonis mehr, sondern ein Mittdreißiger mit Vaterbauch. Warum sollte dich ein Homosexueller ansprechen?« Es gibt Momente, in denen ich meine Frau noch mehr liebe als sonst – das war keiner davon.

Das zweite Argument gegen eine Schwulenbar: Ungewollte Avancen sind dort relativ einfach abzuwehren mit dem Hinweis, sich nicht für Männer zu begeistern. Rein theoretisch ist das natürlich auch in einer Cougar-Bar möglich, doch haben nicht wenige Cougars und Pumas und Panther überhaupt kein Problem damit, wenn man ihnen mitteilt, glücklich verheiratet zu sein. Die häufigste Antwort darauf: »Na und – ich auch!«

Es gibt also einen Ort, an dem Mittdreißiger mit kleiner Wohlstandswampe zu überaus angesagten Exemplaren für Frauen mit ausgeprägtem Jagdinstinkt gehören. Diese Bar dürfte von Frauen frequentiert werden, deren sexuelle Befriedigung in reziproker Relation zu ihren Bedürfnissen steht. Auf Neuenglisch: oversexed and underfucked. Auf gut Deutsch: unbefriedigte Hausfrauen auf der Suche nach jungen Sexualpartnern. Eine Mrs. Robinson. Kim Cattrall. Stifler's Mom. Meine Frau ist der Meinung, dass sich hier am ehesten rekonstruieren lässt, was sie bisweilen erlebt und erdulden muss – und die Expertinnen stimmen allesamt zu.

Es gibt sogar Webseiten, die dem der weiblichen Spezies *MILF* (Mom I'd like to fuck) nicht abgeneigten Männchen die besten Bars empfiehlt, um ein geeignetes Exemplar zu finden oder noch besser: erlegt zu werden. Wem also der Sinn nach einem Cougar oder Puma oder Panther steht, der möge diese Webseiten besuchen, die ich hier nicht verraten werde. Sie können selbst googeln. Ich habe von meiner Frau die Erlaubnis – nein, den Befehl –, eine dieser Bars aufzusuchen und mich gefälligst von möglichst vielen Frauen ansprechen zu lassen.

Der Abend beginnt um siebzehn Uhr, weil meine Frau mir aufgetragen hat, gleich noch eine andere gestellte Aufgabe zu erledigen. Ich muss mich vorbereiten wie eine Frau, weshalb ich nicht nur den Dreiklang aus Duschen, Duften und Durchstylen absolviere, sondern unter den wachsamen Augen von drei Frauen ein penibel geplantes Programm ausführen muss. Ich schneide mir die Nägel an Zehen und Fingern, ich muss meine Haare zweimal trocknen, weil es beim ersten Mal angeblich nicht geklappt hat. Ich muss mindestens fünfzehn verschiedene Outfits probieren, bevor ich mich letztlich für das erste entscheiden darf.

Natürlich brauche ich dreißig Minuten länger als geplant und weiß nun, warum Frauen immer zu spät fertig werden: Sie wären pünktlich, wenn alles funktionieren würde. Wenn sie niemand stören würde. Wenn nichts schiefgeht. Dazu aber später mehr, nun geht es um einen Abend in der Bar. Meine Frau ist überaus zufrieden mit der Vorbereitung, mit einem Augenzwinkern sagt sie: »Los, Tiger, mach mich stolz: Schnapp dir einen Puma. Oder einen Jaguar. Egal, jede MILF ist in Ordnung.«

Die Bar sieht von außen aus wie der Saloon einer verlassenen Goldgräberstadt – das passt, weil die Frauen mit den dicken Nuggets bereits drinnen sind. Ich bin mit meinem Freund John hier, er ist ein in diesen Revieren vertrauter Ranger und hat sich als Führer angeboten. »Es gibt in dieser Bar eigentlich nur drei Sorten Frauen«, sagt er, bevor wir die Schwingtür passieren: »Die einen sind stinkreich und unglücklich verheiratet. Die anderen sind stinkreich und Singles – weil sie aufgrund ihres stressigen Berufs keine Zeit für eine feste Beziehung haben. Und alle anderen sind stinkreich und wollen einfach nur Spaß haben. Erbinnen und so.«

Stinkreich sind sie in dieser Bar laut John alle. Der ist übrigens nach zwei Stunden verschwunden. Mit einer Frau, die ich als Jaguar identifiziert habe. Er hat sich kurz verabschiedet mit einem Heben der Augenbrauen und mir gesagt, dass ich Spaß haben und brav bleiben soll. Echt jetzt? Der Mann hat eine Widerstandsfähigkeit wie heiße Butter.

Aber egal, der Abend verläuft erst einmal spaßig. Es scheint niemanden zu stören, dass ich überhaupt nicht tanzen kann und deshalb die Wippen-und-schnippen-Bewegungen vollführe. Jede Frau, mit der ich mich kurz unterhalte, liebt den »cute German accent« – obwohl das ein Widerspruch in sich selbst ist, weil sich der deutsche Akzent anhört, als würde jemand eine Invasion verkünden –, und auch die anderen Männer scheinen mich nicht als Bedrohung auszumachen. Es ist, als wäre ich in eine verkehrte Welt geraten, auf einen anderen Planeten. Und dieser Planet ist gar nicht mal so schlecht.

Dann spüre ich Lippen auf meiner Wange und eine Hand auf meiner rechten Pobacke, die dort festgeklebt zu sein scheint. Ein Puma hat kurz nach Mitternacht beschlossen, die Jagd ein wenig zu intensivieren, sie hat meine Trennung von der Herde mitbekommen und ist nun entschlossen, dass ich ihr nächtlicher Imbiss sein werde. Sie ist attraktiv, und ich bin mir sicher, dass sie in jeder anderen Bar gejagt würde wie ein Puma von Wilderern in der Serengeti. Doch sie will nicht gejagt werden, sie will jagen.

Ich gebe ihr durch vorsichtige Gesten zu verstehen, dass ich das mit Wange und Backe schon in Ordnung finde, dass hier nun aber eine Grenze erreicht ist, die ich nicht überschreiten will. Sie grinst nur und sagt: »Oh, warum so schüchtern?« Ich gucke verwirrt, worauf sie nur lachend sagt: »Okay, ich besorge uns mehr Drinks – dann sehen wir weiter.« Ich hatte schon genug Drinks an diesem Abend, mich dreht es bereits wie einen Tanzbären auf einer Spieluhr.

Das Verschwinden des Pumas lockt einen Jaguar an. Blond, mehrfach operiert im Gesicht und am Körper, dazu eine Stimme, die man nicht von der Natur geschenkt bekommt, sondern sich durch den Genuss von viel Whisky und täglichem Anbrüllen von Ehemann und/oder Kindern erarbeiten muss. Sie fragt: »Erinnerst du dich an mich?« Ich nicke brav, obwohl ich keine Ahnung habe, wer das ist – ich will nur nicht angebrüllt werden. »Ich habe dir vorhin den Cocktail spendiert – und ich finde, dass ich nun dafür einen Kuss verdient habe.« Ein Kuss für einen Cocktail? Ich will ja gar nicht wissen, was sie für ein Abendessen haben möchte.

Ich lehne brav ab: »Sorry, nicht interessiert.« Sie wird sogleich aggressiv und scheint einem Zerfleischen nicht abgeneigt zu sein: »Wie, nicht interessiert? Ich dachte, du stehst auf mich. Du hast mich doch angeflirtet!« Ich habe diese Frau niemals angeflirtet. »Du hast mir doch zugezwinkert.« Habe ich nicht. »Und du hast bereitwillig den Cocktail genommen.« Okay, habe ich. »Jetzt stell dich mal nicht so an!« Oh doch, tue ich. Ich sage: »Sorry, nicht interessiert.« Das wirkt, denn sie lässt mich nun los, dreht sich um und sagt beim Weggehen: »Verdammtes Arschloch!«

Ich bin das Arschloch, weil ich nicht mache, was sie sagt? Ach herrje!

Erst langsam merke ich, was nun gerade passiert in dieser Bar. Es ist halb eins, die Bar schließt um zwei Uhr – jetzt wird die Jagd intensiviert, nun werden die Prachtstücke selektiert, niemand will am Ende der Resteverwerter sein. Ich bin durchaus geschmeichelt, dass mich die anwesenden Wildtiere zu einem Filetstück auserkoren haben (okay, zumindest nicht zu Gammelfleisch – das Filetstück ist John, der ja schon zu Beginn des Abends aus der Auslage geholt und nach Hause geschleppt wurde).

Es ist nun ein heikles Terrain, auf dem sich ein unwilliges Opfer wie ich bewegt. Ich will ja nur Spaß haben, nicht mehr. Die Griffe werden intensiver, sie zielen nicht mehr nur auf den Hintern ab, sondern auch auf die Vorderseite – was ich aufdringlich und manchmal auch ekelhaft finde. Vor allem, weil es sich um eine Frau handelt, die nun überhaupt nicht mein Typ ist. Nicht nur aufgrund des Alters und des Aussehens, sondern aufgrund ihres Geruchs (zu viel Parfüm, zu wenig Zahnpasta) und vor allem aufgrund ihrer Aufdringlichkeit und Arroganz. Sie trägt teure Klamotten, an jedem Finger einen gewaltigen Klunker; Türsteher und Barkeeper erfüllen ihr unaufgefordert jeden Wunsch – und sie glaubt, dass sie deshalb alles darf. Dabei ist sie einfach nur schmierig.

Sie lächelt beim Tanzen nicht mal, sie sieht eher böse drein und betrachtet mich als ihr persönliches Eigentum. Das fühlt sich erniedrigend an. Nur weil sie reicher ist als ich und in dieser Bar ein paar Leute kennt, darf sie noch lange nicht an mir rumfummeln. Nur weil sie mir ein paar Getränke ausgegeben hat, bin ich noch lange nicht dazu verpflichtet, nun eng umschlungen mit ihr zu tanzen oder gar nach Hause zu gehen. Was glaubt die eigentlich, wer sie ist?

Jetzt ist Schluss mit Justin Timberlake und auch Blondie, jetzt ist hier »Murder on the Dancefloor« oder »Crying at the Discotheque«. Vielleicht auch ein bisschen Aerosmith mit »Juergen's Got a Gun«. Ich muss mich regelrecht losreißen, ich sage ihr: »Nein, das läuft so nicht. Und Nein bedeutet Nein!« Sie sieht mich erst verblüfft, dann wütend, dann arrogant an: »Jetzt stell dich nicht so an. Du weißt doch genau, was dich erwartet, wenn du so eine Bar betrittst.« Ich schüttle den Kopf: »Nein, das weiß ich nicht.« Sie sagt: »Und warum bist du dann hier?« Neben ihr stehen zwei Frauen, offensichtlich ihre Freundinnen. Sie sehen mich ebenfalls arrogant an – und ich bemerke: Nicht die Frau ist der Täter hier, sondern ich, weil ich offensichtlich erst mitgespielt habe und jetzt den Schwanz einziehe.

Ich soll mich schämen, nur weil ich keine Lust habe, mich abschleppen zu lassen? Ja, ich weiß, wie blöd das nun für manche Männer klingt, die seit Jahren davon träumen, mal gepflegt abgeschleppt zu werden – aber: Ich habe keine Lust. Fertig. Aus. Und das teile ich den Frauen mit. Nur wollen die das nicht akzeptieren. Ich bin der, der nicht mitspielt. Ich bin ihrer Meinung nach der, der sich was schämen sollte.

Und ich bin umzingelt. Von Pumas und Panthern und Jaguaren. Ich bin kein Tiger mehr, sondern höchstens ein wehrloser Lemur.

Zu meiner Rettung eilt der Puma, der zuvor der Meinung war, dass ich den schwer Abzuschleppenden spielen würde. »Ladies, der gehört zu mir«, sagt sie – was ein bisschen klingt wie ein Elch während der Brunftzeit, der den anderen Elchen durch das Präsentieren des Geweihs andeutet, der Stärkste zu sein und deshalb das Weibchen begatten zu dürfen. Es klingt ein bisschen wie, nun ja, es klingt ein bisschen wie ein Mann.

Verdammt!

Ich muss gerettet werden – von einer Frau, mit der ich an diesem Abend ebenfalls nicht nach Hause gehen möchte. Und ich bin heilfroh, von ihr gerettet zu werden, denn sie klingt vernünftig und wirkt wie jemand, der meine Erklärung verstehen könnte.

Ich verstehe. Wirklich! Ich verstehe, wie schrecklich das sein kann, als Frau in einer Bar zu stehen, permanent angemacht und objektiviert zu werden. Vor allem aber verstehe ich, dass man diese eine Frau, die sich nicht verhält wie ein notgeiles Wildtier, schon als vorbildliche Gentlewoman ansieht – obwohl sie doch eigentlich nur gemacht hat, was selbstverständlich sein sollte.

Was ich nicht erlebe, das ist die Angst, von der mir einige Frauen berichtet haben und die in einem späteren Kapitel noch einmal aufgegriffen wird. Natürlich wirft sich eine Frau an meinen Hals, als wäre sie ein Tapir und ich ein leckerer Ameisenhaufen, doch ich kann sie ohne größere Anstrengung zurückweisen und auf der Tanzfläche abstellen – was natürlich daran liegt, dass es in diesem Fall einen Unterschied von fünfzehn Zentimetern Größe und dreißig Kilogramm Gewicht gibt.

Keine Frau fordert mit körperlicher Gewalt, dass ihre Investition nun vergütet werden müsse, niemand versucht, mich auf die Toilette zu zerren, niemand packt mich mit der Aussage, dass ich mich nicht so anstellen solle. Es gibt unangenehme Momente, ja, aber es gibt keine gefährlichen. Ich fürchte beim Verlassen der Bar nicht, dass da nun eine der Frauen stehen und mich in ihr Auto zerren könnte. Dass an diesem Abend etwas gegen meinen Willen passieren könnte. Ich fühle mich zu jeder Zeit sicher.

Ich kann deshalb nicht komplett nachfühlen, was einer Frau bisweilen in einer Bar passiert. Ich habe einen kleinen Einblick bekommen mit unangenehmen und manchmal sogar gruseligen Momenten – den Rest muss ich mir vorstellen. Das funktioniert, weil ich den umgekehrten Fall so oft gesehen und nicht eingegriffen habe. Jetzt jedoch erkenne ich, wie unangenehm und Furcht einflößend das tatsächlich sein könnte. Und das, obwohl so eine Bar doch ein freudiger Ort sein soll.

Was ich jedoch lerne, und das ist bereits zu Beginn eine wichtige Erkenntnis bei diesem Projekt: Wir sind noch nicht so weit mit der Gleichberechtigung, wie wir es gerne wären und wie wir es uns selbst oft schulterklopfend einreden. So wie ich es gelernt habe, gehört es schon noch zu den Gepflogenheiten beim Weggehen, dass Männer die Tür aufhalten, dass sie vielleicht auch die Rechnung bezahlen – und dass sie in einer Bar den ersten Schritt zum Kennenlernen machen. Das mögen manche für altmodisch und unnötig halten, aber die Evolution des Menschen findet nun mal in Zeitlupe statt.

Was ich noch herausgefunden habe: Viele Frauen haben nichts dagegen, angesprochen zu werden, sie empfinden es als Kompliment – und sie sind durchaus enttäuscht, wenn es nicht oft genug passiert.

Nur, liebe Männer, und das ist die Botschaft dieses kleinen

Experiments: Wer einer Frau einen Drink spendieren darf, der hat sie noch lange nicht für den Rest der Nacht gekauft! Was eine Frau einem damit signalisiert, ist lediglich Interesse. Was euch die Bereitschaft zu einem gemeinsamen Drink erlaubt, das sind ein paar Minuten ihrer Zeit, in denen ihr um euch werben dürft. In diesen Minuten dürft ihr zeigen, dass ihr es euch verdient habt, dass diese hinreißende Frau (das muss sie sein, sonst würdet ihr sie ja nicht zu einem Drink einladen, oder?) einen kleinen Teil ihres Abends dafür opfert, eurem Gebalze zuzusehen.

Mehr nicht.

Wer mehr erwartet, der sollte nicht in eine Bar gehen – sondern in ein Bordell. Dort funktioniert das so mit den Drinks und den Frauen.

Ich lasse mir diesen Abend dennoch nicht schlechtmachen. Ich lade den netten Puma zu Cocktails an der Bar ein und erzähle ihr von meinem Projekt. Ich erkläre ihr, dass ich verheiratet bin und deshalb kein Interesse an einem Abenteuer in dieser Bar habe. Wieder höre ich die Antwort: »Na und? Ich auch!« Ich habe tatsächlich eine Freundin gefunden, mit der ich mich heute noch unterhalte und die sogleich ins Expertenteam für dieses Projekt aufgenommen wird.

Ich sage ihr, dass ich Spaß hatte und dass ich es genossen habe, endlich auch einmal umschwärmt und gewollt zu werden. Wirklich, das ist ein herrliches Gefühl, um das ich jede Frau beneide – denn es ist manchmal auch schrecklich, ein Mann zu sein und das Gefühl zu haben, nicht einmal angesehen zu werden. Unsichtbar zu sein. Oder irgendein Sekret abzusondern, das Frauen anwidert. Das ist nicht schön.

Es wäre schön, wenn Frauen das verstehen würden, dass wir nicht unbedingt jagen, weil wir das so gerne machen – sondern weil wir gesellschaftlich dazu gezwungen werden. Wir werden ja nie gejagt. Es wäre schön, wenn Frauen mal auf unseren Planeten kommen und erleben würden, wie sich Unsichtbarkeit anfühlt.

Aber ich kapiere, wie unangenehm es ist, sich andauernd so vorzukommen wie eine Antilope in der Wüste, die ständig aufpassen muss, nicht von einem Puma oder Panther aufgefressen zu werden.

Ich habe meine Lektion gelernt. Werde ich jemals zurückkommen in diese Bar? Jetzt, da ich weiß, wie Gejagtwerden funktioniert? Aber sicher doch!

Kapitel 3

An der Grenze

Wow, was bin ich nur für ein Idiot.

Ich habe einen Abend lang mit den Pumas und Panthern und Pussycats in einer Bar verbracht. Ich habe geglaubt, an diesem Abend auch einiges gelernt zu haben über das Zusammenleben von Männern und Frauen, über die Unterschiede beim Ausgehen, über das Jagen und Gejagtwerden. Ich habe diesen Abend als Erfolg verbucht. Ich habe darüber ein Kapitel geschrieben, das ich gar nicht mal für missraten halte – so lange, bis ich diese Worte ein paar Frauen zum Lesen gebe.

Das sei ja ein nettes Anekdötchen, das ich da zu erzählen hätte. Sagt meine Frau. So richtig schön harmlos, mit ein paar angeschickerten Erlebnissen auf der Tanzfläche und einigen Erkenntnissen. Sagt meine Schwägerin. Klar, könne man mal machen. Sei auch lustig. Habe aber mit dem, was Frauen bisweilen erleben müssen, überhaupt nichts zu tun. Sagt meine beste Freundin. Ich hätte nur leider überhaupt nichts verstanden. Sagen alle.

Sie stören sich vor allem am letzten Satz. Der lautet: »Ich habe meine Lektion gelernt. Werde ich jemals zurückkommen in diese Bar? Jetzt, da ich weiß, wie Gejagtwerden funktioniert? Aber sicher doch!« Meine Frau sagt: »Wenn du jemals erlebt hättest, was Frauen manchmal in diesen Bars durchmachen müssen, dann wäre dieser Satz ein anderer.« Ob ich eigentlich wisse, was manche Frauen erleben würden. In einer

Bar. Auf dem Nachhauseweg. Daheim. Und wie naiv ich denn eigentlich sei, diese Erlebnisse in ein vermeintlich witziges Kapitel packen zu wollen.

Ich gehörte bislang, das sehe ich gerade ein, zur blinden Stell-dich-mal-nicht-so-an-Fraktion mit Tendenz zum Selber-schuld-Flügel. In meiner kleinen Welt, da existierte sexuelle Belästigung nicht. Natürlich wusste ich, dass es so etwas gibt, doch die Berichte darüber waren immer weit weg. In der Stadt X wurde jemand vergewaltigt. In der Firma Y wurde ein Mann wegen sexueller Nötigung angezeigt. Frau Z hat sich darüber beschwert, dass ihr ein Mann an den Hintern gefasst hätte. In meinem Freundeskreis, nein, da ist so was noch nie passiert. Zumindest nichts Schlimmes. Redete ich mir ein.

Und wenn so etwas passiert ist, dann habe ich es nicht hören wollen. Ich erinnere mich an einige Abende in der Studenten-diskothek, an denen sich unsere Begleiterinnen beschwert haben, dass ihnen ein paar Typen auf der Tanzfläche an den Hintern gefasst hätten. Meine Reaktion in hundert Prozent der Fälle: ein blöder Scherz (»Ich wäre froh, wenn mir mal jemand an den Hintern fassen würde...«), ein Nun-hab-dich-nicht-so-Spruch, vielleicht sogar noch garniert mit einer Kein-Wunder-bei-dem-Röckchen-Anklage. Ich habe damals gedacht, dass mein Verhalten deeskalierend gewesen wäre. Noch schlimmer: Ich war sogar ein bisschen stolz auf mich.

Jetzt weiß ich: Ich war einfach nur feige.

Beim betroffenen Brüllen, da sind wir alle dabei – das kommt immer gut an. Das ist, wie sich für den Regenwald oder den Weltfrieden einsetzen, da kann ja auch kaum jemand was dagegen haben. Eine der schönsten Eigenschaften des Brüllens ist, dass es laut ist und dass der Brüllende weder die Meinung anderer hören muss noch das leise Flüstern neben ihm. Wer brüllt, der muss nicht zuhören. Und wer wegschaut, der muss nichts Schlimmes sehen.

Meine Frau sagt deshalb: »Hast du schon mal gefragt und zugehört? Dann würdest du vielleicht verstehen.«

Ich habe deshalb zweihundert Frauen in meinem Freundes- und Bekanntenkreis gefragt: »Wurdest du eigentlich schon mal sexuell belästigt?«

Ich erhielt hundertsiebenundsechzig Antworten. Dreiundfünfzig davon hatten den Inhalt: Nein, mir ist noch nichts passiert. Hundertvierzehn handelten von anderen Dingen.

Ich lese von einer guten Freundin, die sich seit Jahren nicht mehr traut, in ein Taxi zu steigen, weil sie vom Fahrer belästigt worden ist. Von einer Bekannten, die in der Diskothek angetatscht worden ist – und danach von ihren Freunden aufgrund ihrer Kleidung dafür verantwortlich gemacht worden ist. Von Frauen, die glauben, dass sexuelle Belästigung irgendwie zum Alltag in Deutschland gehört. Von vermeintlich starken Kolleginnen, die nur deshalb den Vorgesetzten nicht gemeldet haben, weil sie Angst hatten, ihren Job zu verlieren. Von Frauen, die auch Jahre später noch von Albträumen geplagt werden. Die tatsächlich Schuldgefühle und ein schlechtes Gewissen haben.

Ich hatte keine Ahnung – weil ich keine Ahnung haben wollte. Und nun bekomme ich meine Ignoranz und Feigheit so richtig schön vor Augen geführt.

Ich lese von Frauen, die sich nicht gewehrt haben. Die von Polizisten bei einer Anzeige schlecht behandelt worden sind. Die keine Diskothek mehr betreten.

Wir Männer hören nicht zu. Wir Männer schauen weg. Wir Männer sind verdammte Feiglinge. Sexuelle Belästigung, das passiert nicht irgendwo. Das passiert vor unseren Augen. Direkt neben uns. Es sind nicht die anderen, denen das passiert. Es sind unsere Frauen. Unsere Freundinnen. Unsere Kolleginnen. Unsere Töchter.

Und: Es sind nicht die anderen, die da belästigen. Nicht die Fremden. Es sind unsere Kollegen. Unsere Bekannten. Unsere besten Freunde.

Habe ich auch schon eine Frau belästigt? Nach dem, was ich an Antworten lese: höchstwahrscheinlich schon. Ich habe einer Frau an den Hintern gefasst, obwohl sie das vermutlich

nicht wollte. Es war mir egal. Ich habe sexistische Witze erzählt und mich einen Scheißdreck um die Reaktionen geschert.
Ich habe Frauen, die sich belästigt gefühlt haben, nicht ver-
teidigt – viel schlimmer noch: Ich habe ihnen die Schuld dafür gegeben. Wegen ihrer Kleidung. Dabei kann eine Frau anziehen, was immer sie möchte – das gibt keinem Mann das
Recht, diese Frau anzufassen. Es gibt ihm noch nicht einmal
das Recht, sie anzustarren.

Was war ich für ein Idiot!

Aufgrund der Erzählungen dieser Frauen bekomme ich einen
Eindruck davon, wie sie sich in einer Bar manchmal fühlen.
Was sie auf dem Nachhauseweg bisweilen durchmachen.
Wie schrecklich sie sich in einem Taxi fühlen, wenn sie sich
dem Fahrer hoffnungslos ausgeliefert sehen. Welche Angst sie
haben – nicht nur deshalb, weil Männer größer und kräftiger
sind oder aufgrund der beruflichen Position Macht ausüben
können. Sondern auch deshalb, weil sie die Reaktionen fürchten, wenn sie anderen ihre Geschichte erzählen. Polizisten, die
bei der Anzeige auf das Minikleid gucken und diesen Bei-dem-
Kleid-musst-du-dich-nicht-wundern-Blick aufsetzen. Freunden,
die Hilferufe nicht ernst nehmen. Idioten wie mir, die nicht
reagiert haben.

Ich lese die Antworten sehr genau. Zweimal. Dreimal. Immer wieder. Ich will kein Idiot mehr sein. Ich will zuhören und
lernen. Und langsam, ganz langsam beginne ich zu verstehen.

Kapitel 4

In der Wohnung

Ist es nicht wunderbar, dass Gott, nachdem er die Erde und das Licht und die Tiere und die Menschen erschaffen hatte, sich erst einmal ausruhte? Warum auch nicht, lief ja alles prima auf diesem Planeten, bis auf die Sache mit der Schlange und dem Apfel. Gott hat den Menschen ja alles gegeben, was sie so brauchten zum Leben – außer einer einheitlichen Sprache. Es ist einer der vielen Streiche, die uns dieser Gott gespielt hat, dass er uns über die ganze Welt verstreut und mit verschiedenen Sprachen ausgestattet hat. Wir mussten aber auch unbedingt diesen Turm bauen, also sind wir in gewisser Weise selbst schuld.

Viel schlimmer noch: Gott hat durch die Erschaffung von Männern und Frauen dafür gesorgt, dass zwei Menschen komplett aneinander vorbeireden, auch wenn sie dieselbe Sprache beherrschen. An diesem Nachmittag wird das ganz besonders deutlich, als ich mit Hanni über Skype verbunden bin. Wir unterhalten uns auf Deutsch, jene Sprache, die wir beide seit unserer Geburt sprechen. Dieser Gott muss ein hundsgemeines Wesen sein, wenn er dafür sorgt, dass sich zwei Menschen noch immer nicht verstehen.

Hanni ist seit einer Woche mit unserem Sohn auf Verwandtenbesuchstour, ich bin daheim und bereite mich auf das Eintreffen einer Bekannten vor. Die muss in ein paar Stunden zum Flughafen gebracht werden und hat beschlossen, in der Zwischenzeit mal unser Domizil zu begutachten. Ich habe drei Stunden lang aufgeräumt, ich habe geputzt und gesaugt und sogar diese Desinfektionstücher verwendet, von denen ich lange Zeit geglaubt hatte, sie stünden nur zur Dekoration oder für absolute Notfälle in der Küche herum.

Per Videochat präsentiere ich Hanni nun stolz das Ergebnis – und erfahre, dass wir unterschiedliche Vorstellungen davon haben, was die Worte *aufgeräumt*, *sauber* und vor allem *präsentabel* bedeuten.

Hannis Gesichtsausdruck deutet auf einen Schlaganfall oder einen leichten Herzinfarkt hin – vielleicht sogar beides. Beim Anblick des Wohnzimmers sieht sie so aus, als hätte sie ein Monster, einen Poltergeist oder wenigstens eine mittelgroße Spinne gesehen; beim Betrachten des Bades stößt sie ein entsetztes und angeekeltes Quieken aus, vom Schlafzimmer an höre ich nur noch Seufzer, als wäre tief in ihr etwas zerbrochen. Beim Kinderzimmer schlägt sie mit dem Kopf auf den Tisch.

Sie tut so, als hätte sie gerade die Behausung eines Höhlenmenschen gesehen, die vielleicht einem Yeti, aber keinesfalls einer menschlichen Freundin zugemutet werden darf. Sie hält sich die Nase zu, als könnte sie per Skype riechen, dass es in diesen Räumlichkeiten stinkt wie in einem Dixi-Klo am dritten Tag eines Festivals. Ich dagegen sehe eine gemütliche Wohnung, bei deren Anblick mein Nachbar sagen würde: »Das wäre aber nicht nötig gewesen, dass du wegen mir extra aufräumst.« Und mir dann anerkennend auf die Schulter klopft und sich mit Schuhen auf die Couch wirft. Hat er vor zwei Tagen übrigens gemacht, weshalb meine Frau die Couch nun ekelhaft findet und sich über die Flecken beschwert.

Ja, ich war zu Studentenzeiten ein richtiges Dreckschwein, ein Putzverweigerer, ein Messie. Gebe ich zu. Aber ich habe mich gebessert, ich weiß nun, was Spülmittel und Staubsauger und Sprühreiniger sind. Ich kann mit einem Besen umgehen und bin auch mit Bleiche und Waschmittel vertraut. Ich kann das. Ich habe das getan – und diese Wohnung hier ist vollkommen in Ordnung. Da würde mir fast jeder Mann zustimmen. Ich verstehe wirklich nicht, was sie von mir will.

»Es sieht aus wie in einer Studentenbude«, sagt Hanni und verwendet damit gleich die schlimmstmögliche Beleidigung: »Ich sehe allein auf dem Küchenboden zwei Verpackungen von Schokoriegeln; du hast die Couch im Wohnzimmer zwar gesaugt, aber die Überzüge nicht gewaschen, und man sieht einen Schuhabdruck – und ein Bett gilt nicht dann als gemacht, wenn du eine überdimensionale Decke über den Kissenhaufen legst. In zwei Stunden kommt meine Freundin und denkt, dass wir hausen wie die ersten Menschen.«

Tatsächlich liegen da zwei Minipapierchen auf dem Boden, die ich schnell einsammle. Und, verdammt: Wie hat sie das mit der Decke über dem Bett nur bemerkt? Und niemand sagte was vom Austauschen der Überzüge. Ich will ihr erklären, dass die ersten Menschen, also die von Gott erschaffenen Adam und Eva, überhaupt keine Wohnung hatten, sondern bis zur Begegnung mit der Schlange ein wunderbar obdachloses Leben im Paradies geführt haben – aber das lasse ich mal lieber.

»Weißt du, was das Schlimme daran ist: du hast die Papierchen noch nicht einmal gesehen. Und du hast gehofft, dass ich das mit dem Bett nicht entdecke. Wir tauschen die Überzüge der Couch mindestens einmal pro Monat gemeinsam aus – das hättest du wissen müssen.«

Sie hat recht. Verdammt!

Normalerweise folgt nun eine Debatte, bei der ich meiner Frau erkläre, wie ineffizient es ist, eine Wohnung nur deshalb aufzuräumen, weil da jemand für eine Stunde vorbeikommt und wahrscheinlich nicht einmal jedes Zimmer sieht. Dass eine Wohnung doch erst durch ein bisschen Unordentlichkeit ihren Charme entwickeln würde und dass gerade die zwei Papierchen auf dem Boden dafür sorgen, dass die Freundin denkt, dass hier eben nicht wegen ihr aufgeräumt wurde und es tatsächlich immer recht sauber ist bei uns.

Sie würde kontern mit meiner Abneigung gegen jede Form von Ordnung, mit meiner Abneigung gegen Tätigkeiten im Haushalt, mit meiner Abneigung gegen meine Ehefrau. Jawohl, das volle Programm, das jeder aus Auftritten von Mario Barth kennt und entweder lustig oder doof findet. Männer und Frauen eben. Reden aneinander vorbei. Verstehen sich nicht. Voll lustig.

Tut sie aber nicht.

Sie sagt: »Okay, ich will, dass du die Augen schließt und dir vorstellst, dass einer deiner Rivalen aus der Studienzeit dich besucht und ihr ein Tennisspiel vereinbart habt. Er ist übrigens mittlerweile mit der Frau zusammen, die dich damals abserviert hat. Die kommt auch mit und will unbedingt sehen, wie ihr beide euch nach all den Jahren mal wieder auf dem Platz duelliert. Dein Kumpel verspricht, dass er seit Jahren nicht mehr gespielt hat und nun auch nicht extra für dieses Spiel trainieren würde. Er sei vollkommen außer Form. Was genau würdest du in der Woche davor machen?«

Ich sage nichts.

»Und nun stellst du dir vor, dass meine Freundin dieser Rivale von damals ist und der Tennisplatz die Wohnung.«

Ich sage nichts.

Ich muss schnell auflegen, denn ich habe zwei Stunden harte Arbeit vor mir – und während ich die Toilettenschüssel schrubbe und danach mit Bleiche und einem nach Pfirsich duftenden Mittel einreibe, denke ich mir: Wenn ihr wollt, liebe Frauen, dass wir euch verstehen, versucht es doch mal in einer Sprache, die wir auch beherrschen.

Kapitel 5

Tage wie diese

Ich bin traurig, obwohl ich gerade gemeinsam mit meinem Sohn ein kniffliges Level bei *Super Mario World* geschafft habe und er mich zu einem Siegestanz auffordert. »Boo-Yaa«, brüllt er. »Shake your booty!« Wir haben da so ein Ritual, das muss man nicht verstehen. Doch nicht einmal die gute Laune meines Sohnes hilft, ich will meinen Hintern nicht schütteln. Ich will weinen, mich in Embryostellung auf die Couch legen, den Daumen in den Mund stecken und »Home Sweet Home« von Tommy Lee hören.

Mir ist schlecht und schwindelig, ich habe Kopfweh und Rückenschmerzen, ich fühle mich aufgedunsen und schmuddelig und würde mich jetzt gerne in Selbstmitleid suhlen wie ein Ferkel im Schlamm. Ich bin ein emotionales Wrack mit komischem Zucken in der Magengegend. Ich habe keinen Kater, sondern ein ganzes Tierheim – obwohl ich gestern keinen Alkohol getrunken habe. Dazu eine Muskelkaterfamilie – ohne Sport getrieben zu haben. Und alle Symptome einer Grippe, obwohl ich kerngesund bin.

»Was ist denn los, Papi?«, fragt mein Sohn, als ich deprimiert auf dem Rücken liege wie ein umgekippter Marienkäfer. Er sieht mich an, er drückt ein wenig in meinem Gesicht herum, er probiert es mit einem Knuddel. Dann sagt er: »Du bist gerade, wie die Mami manchmal ist.« Ich wäre gerne stolz auf die Beobachtungsgabe meines Buben, doch es geht nicht. Ich will weinen.

Fühlt sich das wirklich so an? Ist es wirklich so schlimm? Würde ich nun vor dem Spiegel stehen und mich selbst sehen, dann würde ich abfällig zu dieser jämmerlichen Gestalt sagen: »Oh Mann, der hat wohl seine Tage…«

Ja, ich habe gerade meine Tage.

Ich bin bereits zu Beginn meines Projekts an einem entscheidenden Punkt angekommen. Ich dachte mir: Warum nicht gleich auf den Mount Everest? Dann ist es wenigstens vorbei, danach kommen die kleineren Hügel. Blöd an der Sache ist nur, dass ich bereits vorher weiß, dass ich diesen Berg nicht werde besteigen können.

Es geht um diese Tage im Monat, an denen sich Frauen und Männer nicht verstehen können und tatsächlich auf verschiedenen Kontinenten leben sollten. Die ansonsten mit durchaus feinem Sinn für Humor ausgestattete Natur hat dafür gesorgt, dass diese Zeit nicht zu begreifen ist für jemanden, der sie nicht selbst erlebt – so wie viele Dinge auf der Welt nur von denen verstanden werden, die sie selbst erlebt haben.

Kein Mann kann verstehen, wie es sich für eine Frau anfühlt, die menstruiert.

Frauen wünschen sich, das bekomme ich über die mir gestellten Aufgaben mitgeteilt, nichts sehnlicher als einen Mann, der zumindest ein bisschen ein Gefühl dafür entwickelt, was da gerade mit ihnen passiert – und ein wenig Mitgefühl zeigt, anstatt nur den doofen »Die hat wohl ihre Tage«-Spruch aus dem Mund fallen zu lassen, den wahrscheinlich vor mehr als dreitausend Jahren gesichtsbewaldete Keulenschwinger erfunden haben, ehe sie zu Recht aus der Höhle geworfen wurden.

Ich habe mit genügend Männern gesprochen, um zu wissen, dass sie gerne verstehen würden, was da eigentlich gerade passiert. Natürlich gab es auch die üblichen Reaktionen wie jene, niemandem trauen zu wollen, der fünf Tage lang blutet und nicht stirbt. Ja, dieser Spruch ist tatsächlich noch nicht ausgestorben. Und Männer, die solche Sprüche aufsagen, ganz offensichtlich auch nicht. Irgendwas kann mit dieser Evolutionstheorie und dem Überleben der Stärksten und Klügsten nicht stimmen.

Die nach dem Dafürhalten meiner weiblichen Experten beste Beschreibung einer Menstruation ist diese: »Jetzt mal ernsthaft: Es ist, als würdest du nach Hause kommen und deinen Partner dabei antreffen, wie er dieses wunderbare Babyzimmer einrichtet – und du musst ihm sagen: ›Schatz, wir werden kein Baby bekommen.‹ Und er flippt total aus und brüllt: ›Was zur Hölle meinst du damit, dass wir kein Baby bekommen – nach all der Arbeit, die ich hineingesteckt habe.‹ Und dein Partner verbringt die komplette folgende Woche damit, das Zimmer einzureißen und alles auf die Straße zu werfen und dich anzubrüllen. Und wenn er den Raum endlich komplett zerwühlt hat, sagt er: ›Okay, Schatz, nächsten Monat werden wir ein Baby haben.‹ Und dann fängt er wieder an, das Zimmer zu konstruieren – und diese Scheiße geht weiter, für den Rest deines Lebens, bis du vielleicht fünfzig Jahre alt bist. Dann haut dein Partner ab – nicht ohne das komplette Haus niederzubrennen, sodass nichts mehr ist wie vorher.«

Okay, das hört sich wirklich schrecklich an. Dieser Vergleich geistert seit Jahren durchs Internet – und bislang habe ich kaum Widerspruch dagegen gefunden. Ich finde jedoch überaus interessant, dass ungefähr achtzig Prozent der Männer beim Lesen dieser Beschreibung nicht erkennen, dass es sich bei *Partner* nicht wirklich um eine Person handelt und bei *Haus* nicht wirklich um ein Gebäude. Was mir zeigt, wie wichtig dieses Thema tatsächlich ist.

Vierundneunzig Prozent aller befragten Frauen haben sich von mir gewünscht, ich möge doch bitte schön versuchen, eine Menstruation nachzuempfinden. Aber nun mal ehrlich: Wie soll das gehen? Ich kann nun ja nicht plötzlich produktive Eierstöcke entwickeln, ich kann nicht auf Kommando bluten oder Migräne bekommen oder Hormone ausschütten. Vor allem aber kann ich den emotionalen Part nicht einfach nachstellen, als wäre es ein Theaterstück.

Oder vielleicht doch?

Ich gehe zunächst zu einer auf Menstruationsprobleme spezialisierten Ärztin für die körperliche Komponente, danach zu einer Psychologin für den emotionalen Part. Ich habe die Tipps der beiden zum Nachempfinden einer Menstruation von meinem Expertenteam überprüfen und für nachvollziehbar erklären lassen. Mir ist natürlich bewusst, dass das alles nicht echt ist, dass es sich der Realität bestenfalls annähert und man womöglich dadurch eine Vorstellung davon bekommt, was Frauen da jeden Monat erleben. Vielleicht ein bisschen wie jemand, der, anstatt auf den Mount Everest zu klettern, sich in einer Halle an möglichst originalgetreuen Nachbauten der kniffligsten Einzelpassagen versucht. Das ist immer noch besser, als unten zu stehen und über das Klettern der anderen zu lästern.

Nein, ich werde nicht auf den Everest steigen und nicht mit Kälte und Sauerstoffmangel zu kämpfen haben – aber ich sollte verstehen, wie schwierig es ist.

Es beginnt meine Vorbereitungszeit von drei Wochen, die mir die Ärztin empfohlen hat. Sie sagte, dass es ratsam sei, einundzwanzig Tage lang jeden Abend mindestens eine Flasche Rotwein zu trinken und den Kater am nächsten Morgen ausschließlich mit Espresso zu bekämpfen. Das ist der spaßige Teil dieser Aufgabe, ich kann nebenbei noch meine Kenntnisse über kalifornischen und italienischen Rotwein erweitern. Nach einundzwanzig Tagen – zwei Tage vor Beginn der geplanten Menstruation – soll ich auf kalten Entzug gehen, sowohl mit Alkohol als auch mit Koffein. Es gehe, so die Ärztin, keinesfalls darum, abhängig zu werden. Durch den permanenten Kater und den Entzug von Koffein würden sich Kopfweh und Müdigkeit einstellen, die während der Menstruation üblich seien.

Dazu treibe ich drei Wochen lang jeden Tag zwei Stunden lang Sport und fahre danach verschwitzt mit dem Fahrrad nach Hause – in der Hoffnung, nicht wirklich krank zu werden, mich aber doch ein wenig grippig zu fühlen. Die Ärztin empfahl mir diese Variante deshalb, damit ich einerseits schwach, andererseits aber nicht wirklich krank würde. Zudem sollte sie Müdigkeit und Kopfweh unterstützen.

Ich trinke außerdem zwei Tage vor Beginn der geplanten Periode pro Tag zwei Liter Milch, was aufgrund meiner Laktoseintoleranz kräftige Krämpfe im Bauch und das ständige Aufsuchen einer Toilette zur Folge haben dürfte – das war meine eigene Idee, die von der Ärztin als komplett verrückt, aber hilfreich abgesegnet wurde. Kopfweh, Bauchschmerzen, womöglich Magenkrämpfe. Müdigkeit, schlechte Laune, allgemeines Unwohlsein. Die Ärztin sagt, dass ich damit zumindest körperlich einer Menstruation sehr nahekäme. Und sie sagt, es gebe da noch eine Geheimwaffe – dazu aber später mehr.

Ich muss bei dieser Vorbereitung an den Spruch von Hunter S. Thompson denken: »Ich will nun sicherlich kein Anwalt für Alkohol, Drogen, Gewalt und Geisteskrankheit sein – doch mir hat das immer geholfen.«

Es sind noch vierundzwanzig Stunden bis zum Beginn der Möchtegern-Menstruation, T minus eins. Ich liege auf dem Boden mit dem Daumen im Mund, ich bin müde, Bauch und Kopf schmerzen. Mein Hals ist trocken, ich muss husten und schniefen. Es gibt keinen Grund für meine schreckliche Laune, sie ist aber da und fordert immer mehr Platz in meinem Gehirn. Ich will nicht, dass mich jemand ansieht. Ich will nicht, dass mich jemand berührt. Noch nicht einmal streicheln. Ich will allein sein und habe gleichzeitig Angst davor, dass das Alleinsein mich traurig machen könnte.

Darauf hat mich die Psychologin vorbereitet, die dem Plan der Ärztin zugestimmt und bereits angekündigt hat, dass es aufgrund der Schmerzen zu Gemütsschwankungen kommen könne, für die es sonst keine Erklärung gibt. Ich müsse mich also darauf einstellen, einfach mal schlecht drauf zu sein. Sie verschreibt mir außerdem ein Estradiol-Pflaster – das sind weibliche Hormone –, sagt aber, dass dies keine kurzfristigen Auswirkungen haben würde.

Das Leben ist gerade sehr gut zu mir, meine Frau kocht mein

Lieblingsessen, und mein Sohn will mit mir spielen, doch mir ist das egal. Ich will weinen. Und ich muss dauernd aufs Klo.

Ich fühle mich genau so, wie meine Frau ihre Symptome am Tag vor der Periode beschreibt. Ich will ins Bett, doch zwingt mich meine Frau dazu, acht Stunden lang zu arbeiten, danach bei der Hausarbeit zu helfen und später noch unseren Sohn zu duschen und ins Bett zu bringen. »Ich kann mich auch nicht jeden Monat ein paar Tage lang ins Bett legen«, sagt meine Frau. Ich will ein Gesetz entwerfen, nach dem der Tag vor der Menstruation als automatischer Krankheitstag gilt.

Dann geht es los, wobei der erste Tag nicht unbedingt anders verläuft als der zuvor. Ich bin noch immer müde und schlecht gelaunt. Dazu kommt eine heftige Migräne, wahrscheinlich aufgrund des Rotweinentzugs. Und eine Mischung aus Unruhe und Müdigkeit, weil ich kein Koffein bekomme. Bin ich so schnell abhängig geworden? Ärztin und Psychologin hatten das prognostiziert und den Entzug als dem Empfinden während einer Menstruation sehr ähnlich beschrieben.

Ich würde nun gerne Gurken essen. Ich mag normalerweise keine Gurken, aber nun müssen Gurken in meinen Mund. Ganz schnell. Es ist kein guter Tag, aber er ist in Ordnung – doch es wäre schön, auch an diesem Tag nicht arbeiten zu müssen. Das Gesetz muss also auf mindestens zwei Tage erweitert werden. Ich trinke noch ein bisschen Milch und danach noch vier Liter Wasser.

Am zweiten Tag der Perioden-Rekonstruktion zieht sich mein Magen aufgrund der Milch andauernd zusammen und bläht sich dann in Rekordschnelle wieder auf – jetzt krampft er einfach. Ich muss andauernd auf die Toilette – aber ich trinke weiterhin Wasser, damit das auch ja nicht aufhört. Ich kann nichts essen, ohne dass mir schlecht wird. Ich habe Hunger und fühle mich dennoch aufgebläht.

Zudem kommt nun das Gerät zum Einsatz, das ich den *Spontanschüttler* nenne. Es ist ein Reizstromgerät, das mir von der Ärztin empfohlen wurde und von meinem Freund Andreas ein wenig umgebaut worden ist. Er ist Ingenieur und hat in dieses Gerät, wie von der Ärztin gefordert, einen Zufallsgenerator eingebaut. In nicht vorhersehbaren Abständen werden Stromschläge unterschiedlicher Stärke ausgestoßen an die Stellen, an denen die Elektroden angebracht sind. Das ist die Geheimwaffe meiner Ärztin.

Die Elektroden befinden sich dort, wo die Sonne niemals scheint – und damit meine ich nicht London. Sie kleben an der Stelle zwischen Hodensack und Anus. Das Gerät selbst trage ich in der Hosentasche, es wird also rund um die Uhr Stromschläge aussenden. Die Ärztin hat mir versichert, dass es zwar unangenehm werden könne, aber ungefährlich sei. Genauso wie die kurzfristige Einnahme dieser weiblichen Hormone aus der Apotheke, auf die mich die Psychologin aufmerksam gemacht hat mit den Worten: »Kann man schon mal ein paar Tage lang machen.«

Ich bin inzwischen so oft zwischen Arbeitsplatz und Toilette gepilgert, dass sich auf dem Weg dorthin ein schöner Trampelpfad befindet. Ich bin so unproduktiv wie ein Praktikant am ersten Arbeitstag und so schlecht gelaunt wie der Angestellte, der den Praktikanten anlernen muss. Ich bin eine wandelnde Piñata – nur muss ich gar nicht mit einem Stock geschlagen werden, um zu platzen. Es reicht eine Berührung, ein Blick, eine Geste. Ach was, es reicht auch gar nichts, damit ich ausraste und jeden um mich herum wüst beschimpfe.

Dann beginnen die Stromschläge, die so überraschend kommen, dass sie einen sogleich in Alarmbereitschaft versetzen. Ich will nicht vor Schmerzen aufschreien, so weh tut es dann doch nicht, aber ich will genervt rufen: »Herrgott, nun hör doch endlich mal auf da unten!« Ab und zu gibt es einen heftigen Stoß, was besonders in dem Moment ärgerlich ist, als ich am Telefon ein wichtiges Gespräch führe und ohnehin schon Mühe habe, alles zu verstehen. Nun bitte keinen Stromschlag mehr bis zum Ende des Telefonats. Bitte nicht. Bitte nicht. Okay, alles gut… Auuuuuuuuu!

Wie kann eine Frau konzentriert arbeiten, wenn sie gerade menstruiert? Das ist unmöglich!

Ich will mir jedoch nichts anmerken lassen. Ich habe das Gefühl, dass die drei männlichen Mitarbeiter in meinem Büro sehr wohl merken, dass ich häufiger das Zimmer verlasse, dass ich müde und unkonzentriert bin – und dass ich vorhin einen von ihnen angemeckert habe, weil der mich auf einen Fehler hingewiesen hat. Aber niemand sagt was. Niemand fragt. Wahrscheinlich denken sie einfach nur, dass ich gerade nicht ich selbst bin. Oder einfach nur ein Idiot.

Wäre ich eine Frau, dann würden sie hinter meinem Rücken lästern, dass ich wohl meine Tage hätte.

Am Abend sitze ich mit männlichen Freunden in einer Bar und will eigentlich nur nach Hause. Doch ich will mir nichts anmerken lassen, vor allem aber will ich keinesfalls sagen, was ich da mache – und schon gar nicht will ich erklären, wie es genau abläuft und warum ich es mache. Ich habe keine Lust auf Spott. Und auch nicht auf Mitleid. Mitleid ist der nervige Bruder des Spotts.

Ich halte durch. Ein Freund wundert sich nur, warum ich keinen Alkohol trinke und warum ich dauernd aufs Klo renne. »Das ist ja fast, als ob du schwanger wärst«, sagt er. Gelächter bei den anderen. Wut bei mir.

Hin und wieder kombinieren sich ein Stromschlag und ein Bauchziehen zu einem gemeinsamen großen Krampf, weshalb ich mich auf meinem Stuhl immer wieder krümme. Habe ich schon erwähnt, dass ich mich hässlich finde und mein Gesicht aufgrund des Rotweins ordentlich aufgequollen ist? Nein? Okay, ich finde mich hässlich und mein Gesicht ist aufgequollen. Außerdem habe ich überall Pickel. Ich weiß jedoch nicht, warum. Liegt das an den Hormonen? Keine Ahnung. Und schon wieder ein Stromschlag. Und noch einer.

Daheim will ich einfach nur ins Bett. Ich schäme mich dafür, dass ich weder meinem Sohn noch meiner Frau einen Gutenachtkuss geben will. Ich mache es natürlich trotzdem, doch das Kuschelangebot meiner Frau schlage ich aus. Noch nicht einmal dankend, sondern mit den Worten: »Nein. Nein, nein. Nein, nein, nein. Oh Gott, nein. Nein, nein. Nein.« Dann drehe ich mich um und schlafe. Endlich.

Die nächsten drei Tage verlaufen ähnlich, dann setze ich langsam Hormone und Milch ab, die Stromschläge werden aufgrund der Einstellungen weniger heftig. Ich fühle mich nicht unbedingt in Bestform, aber es ist erträglich. Ein bisschen wie Erkältung mit schlechter Laune. Danach ist es vorbei, nur die Bauchschmerzen dauern ein bisschen länger als geplant.

Natürlich blute ich nicht – ich erlebe auch keinen dieser peinlichen Momente, im falschen Augenblick ohne Tampon oder Binde dazustehen. Diese Peinlichkeit, jemanden darum bitten zu müssen, einem so was zu leihen. Dieser Ärger, sich notfalls eine Spontanbinde aus Klopapier zu basteln. Das Gefühl, dass da etwas aus dem eigenen Körper fließt. Nein, das alles erlebe ich nicht.

Aber den kompletten Rest – soweit es eben möglich ist. Die Krämpfe, die sich anfühlen wie eine Mischung aus Tritten und Messerstichen. Das Sich-selbst-nicht-Mögen, die Gereiztheit, die schreckliche Laune. Die Müdigkeit, die Schwindelgefühle, den Brechreiz. Und diese Ohnmacht, dass einen zwar ungefähr fünfzig Prozent der Menschheit verstehen und das alles nachvollziehen können – während sich die anderen fünfzig Prozent so verhalten, als könnte man nun etwas für seinen Unmut und die Schmerzen.

Ich habe einen, wenn auch nur kurzen, Einblick bekommen, was sich da so abspielen könnte vor und während einer Menstruation. Schön war das nicht. Und nicht schön ist die Vorstellung, das jeden Monat erleben zu müssen. Ich verstehe, dass keine Frau das jeden Monat erleben möchte. Ich bin heilfroh, dass es vorbei ist und dass ich mit meinem Sohn wieder spielen und tanzen will und dass ich auf Hormone und Elektroden verzichten darf.

Was mir jedoch helfen würde: Ich würde gerne wissen, wenn

eine Frau (nicht nur meine, sondern alle, mit denen ich zu tun habe) gerade menstruiert. Ich wüsste dann Bescheid, ich könnte Verständnis entwickeln. Natürlich sind wir, das bemerke ich bereits an den ersten Tagen meines Projekts, noch lange nicht so weit. Männern wird gesundheitliches Jammern – man denke nur an die tragische Knie- oder Knöchelverletzung, die hundert Prozent aller Hobbykicker schon mal im Büro präsentiert haben – eher verziehen als Frauen. Die müssen tapfer sein.

Oder wie sagte der Komiker Jon Stewart: »It's okay to be a pussy – as long as you have a dick!« Solange man einen Schwanz hat, kann man sich ruhig wie ein Weichei aufführen.

Nur: Frauen wollen überhaupt kein Mitleid, sie wollen kein Kopftätscheln und kein anerkennendes Nicken. Was sie wollen: Verständnis. Und wenn sie das vielleicht nicht im Büro bekommen, dann können wir ihnen doch wenigstens zu Hause zeigen, dass wir das kapiert haben. Dass eine Frau einmal pro Monat eine Verletzung hat, die viel schlimmer ist als die kleinen Kniezieper nach dem Fußballtraining. Und wir könnten uns doch um sie kümmern, so wie sie sich um unser Knie kümmert.

Frauen wollen wirklich nicht viel – es gibt eigentlich nur eine Sache, die sie gar nicht gebrauchen können: doofe Sprüche. Denn, mal ganz ehrlich, liebe Männer: Würdet ihr den Spruch »Die hat wohl ihre Tage« auch dann noch bringen, wenn ihr wüsstet, dass sie gerade tatsächlich ihre Tage hat, dass ihr schlecht und schwindelig ist und sie grundlos schlecht gelaunt und wütend ist und das auch noch weiß?

Würdet ihr wirklich? Dann schließt mal ein Stromgerät zwischen Eier und Anus an. Vielleicht hilft das.

Kapitel 6

Komplimente und Sexismus

Ich habe meiner Frau kürzlich ein Kompliment gemacht. Ja wirklich, ein Kompliment. Komplimente machen sind eine längst vergessene Kunstform, wie handgeschriebene Briefe und das Reparieren eines Plattenspielers. Ich würde mich nicht wirklich als Künstler bezeichnen, zumal Komplimente in meiner Familie seit Jahrzehnten als ausgestorben gelten. Mein Vater gehört zu jenen Menschen, die Schweigen als höchste Form des Lobes interpretieren – und seit einigen Jahren wird mir zudem beigebracht, dass man für Komplimente seinen Job verlieren oder im Internet beschimpft werden kann.

Ich schweige deshalb meistens und denke, dass das die höchste Form des Lobes ist, für die man nicht bestraft werden kann. Nun aber, an diesem Abend, entdecke ich, dass mir die Natur doch ein Y-Chromosom überreicht hat; ich nehme all meinen Mut zusammen und probiere es mit einem Kompliment.

Ich sage meiner Frau, dass sie in diesem Sommerkleid aussieht wie ein Blumenkind in San Francisco und dass es mich ärgert, dass wir zu einer Verabredung müssen, weil ich nun gerne mit ihr machen würde, was Blumenkinder – das habe ich zumindest gelesen – sehr oft gemacht haben. Meine Frau grinst und deutet an, dass sie sich über meine Worte freut und dass Blumenkind-Aktivitäten auch später noch möglich seien. Es hat funktioniert.

Auf der Couch sitzt eine Freundin von uns, sie seufzt innig und beschwert sich sogleich darüber, dass heutzutage niemand mehr Komplimente macht und dass Männer unsensible Eisklötze seien, die nicht einmal in der Lage wären, die Schönheit einer Frau anzuerkennen und ihr das auch mitzuteilen. Dass heutzutage vor allem in Deutschland nur noch gefühllose Roboter herumlaufen würden und dass sie schon in den Urlaub nach Spanien fahren müsse, damit ihr wenigstens mal jemand hinterherpfeife. Ja, die Spanier – und auch die Italiener, wie sie noch anmerkt –, die hätten das noch drauf mit Pfeifen und Komplimentieren und dem Frauenerfreuen.

Nur so unter uns: Wegen dieser Freundin ist vor ein paar Jahren mal jemand abgemahnt worden. Der Herr hatte ihr ein Kompliment machen wollen, das offensichtlich missglückt und von ihr als sexistische Flegelei interpretiert worden ist.

Ich könnte ihr das nun sagen. Ich halte mich aber lieber an die Erziehung meines Vaters und schweige.

Natürlich sind Komplimente immer eine Gratwanderung, es geht dabei sehr oft gar nicht darum, *was* da gesagt wird – sondern *wer* etwas zu *wem* sagt und *wie* er sich dabei verhält. Das gleiche Kompliment, das ich meiner Frau gemacht habe, würde mich bei ihrer acht Jahre jüngeren Schwester als lüsternen Schwager brandmarken, in der Cougar-Bar dagegen als erfrischende Aufforderung zum Geschlechtsverkehr durchgehen. Bei einer Kollegin würde ich wahrscheinlich meinen Job verlieren, auf Twitter würde ich einen Aufschrei der Blumenkinder-Vereinigung auslösen. So ist das nun mal bei der politischen Korrektheit: Die Grenzen bestimmen stets die Sensibelsten.

Natürlich bin ich froh, dass die Zeit des breitbeinigen und schenkelklopfenden Humors zu Ende geht – doch wird diese Zeit gerade abgelöst von einer, in der viele Menschen die Taktik meines Vaters wählen und stumm zu Boden gucken, in der Angst, einen blöden Fehler zu machen. Wer einen blöden Fehler macht, der ist raus aus dem Rudel der Akzeptierten. Dann lieber gar nichts sagen. Und schon gar nicht pfeifen. Pfeifen sorgt dafür, dass man geteert und gefedert aus der Stadt gejagt wird.

Es gab da diesen Skandal um den FDP-Politiker Rainer Brüderle, der angeschickert an einer Hotelbar stand und der Journalistin Laura Himmelreich einen dirndltauglichen Körper attestierte. Ein Kompliment vielleicht, vielleicht aber auch eine sexistische Aussage. Die junge Frau jedenfalls wehrte sich gegen die Worte des alten Mannes, indem sie das Stilmittel des Anprangerns wählte, der öffentlichen Bloßstellung, der Anklage. Die Windstärke des Debattensturms nach diesem Artikel im Magazin *Stern* war immens. So ist das heutzutage.

Nichts gegen Herrn Brüderle, nichts gegen Frau Himmelreich, die Einteilung in Opfer und Täter sowie Verteidigung und Verurteilung haben bereits andere übernommen, auf beiden Seiten übrigens. Wenn so ein Debattensturm losgeht, dann pusten ja alle irgendwie hinein, aus allen Richtungen. Ich will da gar nicht mitmachen bei all der Pusterei, ich frage nur: Wäre dieser Abend, wäre die komplette Debatte anders verlaufen, wenn Brüderle nicht der siebenundsechzig Jahre alte Spitzenkandidat der FDP gewesen wäre – sondern ein aufstrebender, fünfunddreißig Jahre alter Jungpolitiker?

Viele werden nun sagen: »Nein, das spielt überhaupt keine Rolle. Sexismus ist Sexismus.«

Wirklich?

Warum lachen dann viele Menschen über einen anzüglichen Witz von George Clooney, während bei einem anderen Erzähler die Stärke des Shitstorms auf höchste Stufe gestellt wird? Warum darf Justin Bieber während eines Konzerts ungestraft die Brüste eines Fans in der ersten Reihe kneten – eine Aktion, für die ein wenig bekannter Mensch verklagt und öffentlich geächtet würde? Und warum darf jemand zwei Kolleginnen auf dem Oktoberfest auffordern, sich doch bitte schön endlich zu küssen – und ein anderer Mitarbeiter derselben Firma wird wegen eines angeblich anzüglichen Witzes exakt sieben Minuten später eine Woche danach gefeuert? Das ist tatsächlich genau so passiert.

Das führt direkt zu Herrn Brüderle und Frau Himmelreich. Deren Gespräch wäre anders verlaufen, wenn Brüderle ein aufstrebender Jungpolitiker gewesen wäre – weil Frau Himmelreich einen anderen Zugang hätte wählen müssen als den, den sie in ihrem Artikel beschreibt: »Ich möchte von ihm wissen, wie er es findet, im fortgeschrittenen Alter zum Hoffnungsträger aufzusteigen.« Sie unterstellt Brüderle, ein alter Sack zu sein, sie kränkt ihn, verletzt ihn in seinem Stolz. Es ist nicht nur unhöflich, was sie da sagt, sondern eine Provokation – die nur deshalb eine ist, weil Brüderle siebenundsechzig Jahre alt ist. Das Gespräch hätte anders beginnen müssen, und es wäre vielleicht anders verlaufen. Nur mal so ein Gedanke. Es lässt sich auch nicht mehr feststellen, ob sich Frau Himmelreich von der gleichen Aussage womöglich geschmeichelt gefühlt hätte, wenn sie ein attraktiver junger Mann gemacht hätte. Nur mal so ein Gedanke.

Und natürlich sind die Sensiblen dann die Unsensibelsten, wenn es ums Aufschreien geht, sie prusten und poltern und prügeln. Das ist schade, denn eigentlich sollte jeder wissen, dass in einem Mietshaus nur zwei Arten von Lärm jedem Bewohner auf die Nerven gehen: Der jener Menschen, die ohne Rücksicht machen, was sie wollen – und dabei glauben, sich korrekt zu verhalten. Und die Brüllerei jener, die selbstgerecht im Treppenhaus stehen und sich lautstark über den Lärm der anderen beschweren.

Komplimente sind eine Kunstform, da passieren Fehler. Sie sind ein Spiel, auch dort passieren Fehler. Sie sind eine Gratwanderung, bei der man auch abstürzen kann. Nicht alles ist immer gleich sexistisch. Mein Problem bei Komplimenten ist, dass die Spielregeln stets neu verhandelt werden. Ich habe kaum Erfahrung damit, über welche Komplimente ich mich freuen und welche ich unangebracht finden würde – ich bekomme so selten welche, obwohl ich eigentlich ein prima Kerl bin. Noch nie hat jemand meine schicken Outfits gelobt, meine ansehnliche Wampe oder meine Kükenfedern auf dem Kopf. Vielleicht halten mich Frauen einfach nur für ein verabscheuungswürdiges Exemplar der männlichen Spezies, dass Komplimente für mich so selten sind wie Meisterschaften von Werder Bremen. Vielleicht liegt es aber auch daran, dass wir Männer grundsätzlich viel weniger Komplimente bekommen.

Wahrscheinlich haben Frauen einfach nur Angst vor einem Fehltritt. Das muss es sein.

Kapitel 7

Haarige Zeiten

Es ist der Moment vor dem Moment, der so unangenehm ist. Wie in der Achterbahn, wenn man langsam nach oben gezogen wird. Es ist wie beim Einschlafen oder Sichverlieben – was auch langsam losgeht und dann ganz plötzlich passiert. Es ist ein Moment schrecklicher Ungewissheit, weil man die Kontrolle abgibt, ohne so genau zu wissen, was als Nächstes passieren wird. Doch nur wer loslässt, der erlebt all die Sachen, die Achterbahnen und Träume oder Verliebtsein so mit sich bringen.

Oder die Enthaarung des kompletten Körpers.

Wir befinden uns nun in der Klischeezone dieses Projekts – was gar nicht mal so schlimm ist, schließlich sind all das Gerede über Mars und Venus und all die damit verbundenen Missverständnisse zwischen Männern und Frauen ein gewaltiges Klischee. Ungefähr neunzig Prozent aller Frauen, die ich um Anregungen und Aufgaben gebeten habe, forderten in irgendeiner Form, dass ich mir sämtliche Haare unterhalb des Halses entferne. Nicht mit einem elektronischen Rasierer. Nicht mit einer Klinge. Mit heißem Wachs und Tüchern. Es war die häufigste aller Antworten: *Wenn du verstehen willst, wie es sich anfühlt, eine Frau zu sein, dann gehe zum Waxing.*

Ich will auf keinen Fall den Fehler machen, der meinem Freund Joey vor einigen Jahren passiert ist. Er war der Meinung, dass Professionalität bei dieser Tätigkeit überschätzt wird und dass er sich die Haare an seinem Beutelchen auch selbst würde entfernen können. Er presste ein Testikel nach außen – er behauptet noch heute, dass diese Aktion mit dem Begriff *Brain Technique* umschrieben wird – und rieb die dann einigermaßen glatte Haut mit heißem Wachs ein. Tat richtig weh. Sagt er.

Dann wollte er das Tuch darüberlegen und abreißen. Hat jedoch nicht geklappt, weil er die Kontrolle über sein rechtes Ei verlor und feststellte, dass plötzlich wieder ein schrumpeliger und haariger Sack zwischen seinen Beinen baumelte, eingerieben mit heißem Wachs und beklebt mit einem Tuch. Wie weh kann das schon tun, dachte sich Joey – und zog an.

Erinnern Sie sich noch daran, als in den Medien behauptet wurde, dass da auf Island ein Vulkan ausgebrochen sei? Das stimmt nicht, das war der Tag, als Joey an diesem Tuch zog.

Das Problem war, dass da immer noch ein Haufen Wachs am Sack klebte. »Ich hatte nicht mehr die Eier, noch ein Tuch zu verwenden«, sagt Joey. Er probierte es mit Waschen, Kratzen, Schrubben – dann wollte er warten, bis das Wachs einfach hart wird und abfällt. Hat nicht funktioniert, also weichte er seine Nüsse in Babyöl ein und wischte das Wachs langsam ab. Hat ihm langfristig nicht geschadet, der Mann hat mittlerweile eine gar wunderbare Tochter gezeugt.

Ich bin bei aller Vorliebe für legendär peinliche Geschichten ein Befürworter von Professionalität – vor allem, wenn es um meine Testikel geht. Es handelt sich bei dieser Form der Haarentfernung – oder Haarentfernung am Körper überhaupt – mitnichten um ein Ritual, das bereits vor Tausenden von Jahren praktiziert wurde, als verborgene Tradition überlebte und nun wieder flächendeckend eingesetzt wird. Die Paste aus Zuckerwasser und Zitronensäure wurde zwar bereits vor mehreren Hundert Jahren im Orient verwendet, das Waxing an sich ist jedoch eine Praxis, die noch keine dreißig Jahre alt ist und sich vor allem aufgrund moderner Strandbekleidung, besonders durch die Erwähnung in popkulturellen Phänomenen wie *Sex and the City*, großer Beliebtheit erfreut.

Es ist also nichts, das gewachsen ist, sich entwickelt hat, es hat auch nichts mit Hygiene zu tun – ganz im Gegenteil, viele Ärzte preisen mittlerweile den Sinn der Behaarung. Irgendwann Mitte der 1990er Jahre jedoch wurde Haarlosigkeit unterhalb des Kinns bei Frauen zum Standard und Waxing zur State-of-the-Art-Methode erklärt. Eine Tortur, weil Waxing den Berichten derer zufolge, die es schon mal gemacht haben, eine Mischung aus Guantanamo und Inquisition sein soll.

»Einmal komplett, bitte schön«, sage ich in diesem Studio. Janine ist meine Depiladora an diesem Tag, sie hat von der Natur diesen herrlichen Sadismus bekommen, den nur Menschen haben, zu deren Beruf es gehört, anderen physische oder psychische Schmerzen zuzufügen: Zahnarzt. Tennislehrer. Telefonberater bei einer Versicherung. Sie sagt: »Die Haut lasse ich heute ausnahmsweise mal dran, oder?« Dann lacht sie. Nicht witzig, gute Frau, nicht witzig.

Sie überprüft meinen Körper und erwähnt nicht ohne Trauer, dass Rücken, Bauch und Brust ohnehin unbehaart seien und sie an diesen Stellen nicht tätig zu werden brauche. »Schade eigentlich, um die Nippel rum ist meine Lieblingsstelle«, sagt sie. »Männer weinen da immer wie kleine Babys. Aber keine Sorge, es gibt da ein paar andere Stellen, bei denen Tränen fließen wie in Strömen und bei denen sie von der Liege hüpfen wie ein Fisch aus der Badewanne.« Das ist immer noch nicht witzig.

Sie reibt meine Beine mit einer Tinktur ein, dann folgt Puder, schließlich eine dunkelblaue und glibberige Masse, die sie auf die inneren Oberschenkel streicht. Nun ist er also da, dieser Moment vor dem Moment. Wie vor dem Absturz in der Achterbahn. Wie beim Einschlafen. Wie beim Verlieben. »Fertig?«, fragt Janine und klimpert dreimal mit den Wimpern.

Sie reißt am Wachs an der Innenseite meiner Oberschenkel. Ich kneife die Augen zusammen, ich öffne meinen Mund und...

Das war gar nicht mal so schlimm. Okay, es ist keine Thai-

Massage und auch kein zärtliches Streicheln, aber es ist auch keine Tätowierung. Es fühlt sich ein bisschen an, als würde man auf eine normal scharfe Chilischote beißen: Es ist unangenehm, es brennt – aber es ist nun auch nicht so, als hätte man die Sonne verschluckt.

Danach kommen die vorderen Waden dran. Das ist schon schmerzhafter, aber noch immer erträglich. Fußspann und Zehen: eher kitzelnd. Hintere Waden: heftig, aber noch immer nicht im Bereich eines Tattoos. Sehr grotesk, aber auch eher kitzelig ist der Bereich zwischen Pobacke und hinterem Oberschenkel. Unterarme? Kein Problem. Ich brülle nicht, ich zapple nicht, ich weine nicht.

»Sie schwitzen ein bisschen«, sagt Janine. Na und? Was ist denn gegen ein bisschen Schweiß zu sagen? »Das Wachs hält dann nicht so richtig perfekt, und es könnte schmerzhafter werden.« Okay, okay, ich höre schon auf damit. Schließlich kommen wir zu den Partien des Körpers, die Janine besonders viel Spaß bereiten: die Genitalien. Doch wie schon zuvor, spüre ich zwischen Penis und Bauchnabel nicht mehr als bei den Oberschenkeln; Testikel- und Genusswurzel-Enthaarung brennt extrem. Wir sind im Bereich einer Tätowierung am Zeigefinger, vielleicht sogar schlimmer.

Dann kommt die Stelle zwischen Hodennaht und Anus.

Holla-die-Waldfee-Himmel-Jesus-Mutter-Gottes. Guckt mal einer nach, ob der Sack noch vernäht ist und ob da tatsächlich nur ein Loch in meinem Hintern ist. Da müssen zwei sein, Janine muss mir im wahrsten Sinne des Wortes den Arsch aufgerissen haben.

Und noch einmal.

Himmel-Herrgott-mein-Leben-scheiße-leck-o-mio-um-Gottes-willen-was-habe-ich-verbrochen-lasst-mich-sofort-sterben.

Sollten Sie am 22. April 2015, wo auch immer auf der Welt Sie an diesem Tag gewesen sind, zwei Schreie gehört haben: Das war ich.

Tut das weh – schlimmer als tätowieren.

Ist das abartig! Wer denkt sich denn so was aus? Das *ist* eine Mischung aus Guantanamo und Inquisition. Wer macht denn so was freiwillig mit?

Das Wunderbare am Schmerz ist eigentlich, wenn er nachlässt – so wie der Moment in der Achterbahn, wenn es langsamer wird. Doch dieser Schmerz lässt nicht nach. Er bleibt einfach da wie ein Begleiter, der beschlossen hat, nun ein paar Stunden lang neben einem herzugehen. Und dazu gesellt sich noch ein weiterer Gefährte: Das Hochziehen der Unterhose fühlt sich so an, als hätte man sich gerade die Haut aufgeschürft und würde danach ein bisschen mit Schmirgelpapier darüberreiben. Selbst am nächsten Tag ist die Stelle noch wund.

Wer hat eigentlich festgelegt, dass Frauen haarlos sein müssen und Männer wie Neandertaler rumlaufen dürfen?

Ich fühle mich nach zwei Tagen nicht hübscher oder hygienischer, aber irgendwie frischer. Die Haarlosigkeit ist nicht brennend und ziepend und stechend, sondern irgendwie befreiend. Ja, es ist doch ein erquickendes Gefühl, seinen kompletten Körper enthaart zu haben. Ein bisschen wie Nacktsein, das ja grundsätzlich auch mal wunderbar ist.

Nach einer Woche jedoch erscheinen die ersten kratzigen Stoppeln, es juckt, als hätte ich einen allergischen Anfall. Ich bin die ganze Zeit nur am Kratzen – an den Armen, an den Beinen, an meinem Sack. Wer mich sieht, der könnte durchaus auf die Idee kommen, dass ich von Filzläusen befallen bin. Dabei ist das überhaupt nicht möglich. Ganz ehrlich: Das war es nicht wert. Schmerzen und Juckreiz für ein paar Tage Haarlosigkeit? Nie mehr wieder.

Bereits drei Wochen später, sagt Janine, wäre es an der Zeit für den nächsten Termin, für die nächsten Reißer, für die nächsten Schreie. »Sie haben sich ordentlich verhalten und nicht geweint«, hat Janine gesagt. »Sie waren sehr tapfer«, hat Janine gesagt. »Kommen Sie in drei Wochen wieder«, hat Janine gesagt.

Haha, sehr witzig, die Frau – und danach noch zur monatlichen Wurzelbehandlung beim Zahnarzt und abschließend noch jede Woche mit einer Versicherung am Telefon streiten.

Ich habe mich anfangs dagegen gewehrt, so eine Klischeeaufgabe zu erfüllen, bin nun jedoch unglaublich froh, es gemacht zu haben. Ja, es tut wahnsinnig weh. Ja, auch nach zwei Tagen noch. Und dann juckt es. Aber: Ich habe meine Frau nie darum gebeten oder gar aufgefordert, sich mit Wachs und Tüchern die Haare zu entfernen. Das macht sie freiwillig.

Denn – und das ist der Irrglaube an der ganzen Prozedur: Ja, Haarlosigkeit unterhalb des Halses wird so gepriesen wie sonst nur frisch geputzte Zähne. Das Ideal der Haarlosigkeit wurde derart im kollektiven Gedächtnis verankert, dass es schon an Propaganda erinnert. Erstaunlich ist, wie aus einem kreierten Trend ein universell geltendes ästhetisches Gesetz wurde. Wer nicht der Haarfreiheit huldigt, der gilt als schmuddelig oder wenigstens als zu faul. Vor allem aber wurde dieser Trend so konstruiert, dass eine Frau vom Hals abwärts haarbefreit sein sollte, während Männern eine gewisse Zotteligkeit zugestanden wurde.

Aber ist das wirklich so? Herrscht da ein immenser Druck auf Frauen?

Nein, wie eine Studie der Gesellschaft für Konsumforschung aus dem Jahr 2014 zeigt, zumindest kein größerer als auf Männer. Dieser Erhebung zufolge nämlich wünschen sich fünfundsechzig Prozent der Männer, dass die Achseln ihrer Partnerin rasiert sind – und einundsechzig Prozent freuen sich über Nacktheit an den Genitalien. Dagegen würden es siebenundsechzig Prozent der Frauen gutheißen, wenn sich ihr Partner im Intimbereich rasieren würde. Es herrscht also Gleichstand. Nur: Mehr als achtzig Prozent der Frauen gaben an, sich zu enthaaren, während es nur knapp fünfzig Prozent der Männer tun. Aus Faulheit vielleicht oder aus Stolz, womöglich auch aus Sturheit oder Ignoranz. Das ist jedoch nicht relevant. Wichtig ist, dass wir dieses Monster der Haarlosigkeit selbst erschaffen haben oder es uns zumindest haben einreden lassen.

Es gibt diesen Trend zur Haarlosigkeit, der künstlich kreiert und nicht natürlich entstanden ist. Das Schöne an Trends jedoch ist, dass man ihnen nicht folgen muss – und dass meistens ein paar Jahre später ein Gegentrend entsteht. Ich habe nun am eigenen Leib erfahren, wie schmerzhaft diese Prozedur ist. Deshalb werde ich keinesfalls von jemandem verlangen, sich so ein Waxing anzutun. Nein, von meiner Seite aus gibt es keinen Druck, und ich empfinde auch keinen Druck von anderen – wie andere Paare das handhaben, das müssen sie selbst entscheiden. Doch anstatt blind einem Trend zu folgen, könnten Paare einfach mal darüber reden, was ihnen an sich selbst und am anderen gefällt. Und wer Single ist, der kann doch das machen, was er selbst für schön hält.

Es braucht natürlich Mut, so ein Thema anzusprechen – oder das zu tun, was man selbst möchte. Aber ganz ehrlich: Den braucht es in einer Achterbahn oder beim Sichverlieben auch.

Kapitel 8

Folge dem Trend

Ich habe ein Problem – und ich kann es nicht lösen, weil ich nicht Stephen Hawking bin. Es besteht darin, dass Sie dieses Buch erst jetzt in Händen halten und damit nicht wissen, woran ich gerade leide. Das führt dazu, dass ich mich in einer existenziellen Krise befinde, weil ich jetzt verstehe, warum Blogs erfolgreicher sind als Bücher und dass ich mit meiner Bücherschreiberei tatsächlich ein Dinosaurier kurz vor der Eiszeit bin. Ich muss bloggen. Oder twittern. Oder mich selbst permanent mit einer Kamera filmen und das Gefilmte live im Internet übertragen. Oder irgendwas posten auf einer Plattform, in deren Namen ein Vokal fehlt. Oder einfach aussterben.

Das Problem an meinem Problem ist nun, dass ich eine Sache nicht kapiere – und Sie mein Problem mit dieser Sache nicht verstehen werden, weil Sie keine Ahnung davon haben. Sie haben das längst vergessen, weil das nun ja schon ein paar Monate oder vielleicht sogar Jahre her ist und sich heutzutage doch kein Mensch mehr Dinge so lange merkt. Keine Sorge, ich auch nicht – ich wusste mal mehr als hundert Telefonnummern, ich weiß sogar noch immer die meiner Freundin aus der zehnten Klasse. Mittlerweile habe ich Schwierigkeiten, mich an meine eigene zu erinnern. Eine lange Aufmerksamkeitsspanne und Langzeitgedächtnis sind zwei Dinge, die der Mensch heutzutage nicht mehr braucht.

Okay, ich versuche es trotzdem mal: Weiß jemand, warum

sich einige Frauen derzeit die Achselhaare türkis oder gelb oder blau färben? Ich habe damit gleich zwei Trends verpasst, weil ich ganz offensichtlich nicht mitbekommen habe, dass auch die Unterachselbehaarung wieder en vogue ist und ich mir das Waxing hätte sparen können. Der neue Trend, zumindest jetzt, da ich das schreibe, sind gewachsene und gefärbte Achselhaare. Angefangen hat es mit der Stylistin Roxy Hunt, die sich betrunken die Achselhaare bepinselt und ihren Versuch ins Internet gestellt hat.

»Wir haben Fotos gemacht, um den Prozess zu dokumentieren. Die wurden so gut, dass wir sie online gepostet haben«, sagt Hunt, eine nette Frau übrigens. »Mancher Leser wollte daraufhin genauer wissen, wie das funktioniert: Was muss man beim Färben beachten? Darf man dabei Deo tragen? Was ist, wenn man viel schwitzt? Ist das nicht krebserregend?« Es folgten Nachahmer, die Hashtags #freeyourpits und #dyedpits und eine Bewegung im Internet unter dem Motto »Befreie deine Achselhöhlen«.

Ich bin amüsiert, weil ich bunte Achselhaare lustig finde. Sieht eigentlich ganz gut aus. Warum also nicht? Was ich jedoch nicht kapiere, ist die gesellschaftliche Bewegung, die aus einem angeschickerten Abend und einer verrückten Aktion metastasiert. Ich habe mal betrunken die Haustür meines Nachbarn ausgehängt – nur wurde das auch kein Trend, vor allem wurde es nicht als Symbol gegen Grenzen unter Nachbarn interpretiert. Es gab auch keinen Hashtag #tuerenaushaengen und keine Bewegung mit dem Namen »Türen weg«. Mein Nachbar mag mich seitdem nicht mehr.

Das jedoch passiert mit den Achselhaaren. Die gelten plötzlich als Symbol dafür, dass Frauen mit ihrem Körper machen dürfen, was sie wollen. Hunt hat sogar ein Pamphlet geschrieben, in dem es heißt: »Ganz gleich, ob du dich rasierst oder nicht, Frauen sollten selbst über ihren Körper entscheiden dürfen, ohne dass andere sie dafür verurteilen.« Ich dachte immer, das mit der Selbstbestimmung von Frauen und ihrem Körper wäre seit ein paar Jahrzehnten geklärt, da braucht es doch keinen Protest mehr. Und wuchernde Achselhaare waren schon vor fünfzig Jahren mal ein Symbol, was also ändert die Farbe? Aber so ist das: Es gibt einen Zug – und alle springen drauf. Es gibt Artikel in der *Washington Post*, im *Time Magazine* und in der *Süddeutschen Zeitung*. Gefärbte Achselhaare, hat man jetzt.

So ist das mit den Trends: Sie kommen so wunderbar überraschend und unerwartet und unverhofft, sie verschwinden aber auch genauso schnell wieder, weil schon die nächste Welle an den Strand schwappt. Wahrscheinlich haben Sie jetzt, da Sie diese Zeilen lesen, überhaupt keine Ahnung, was das mit den bunten Achselhaaren soll. Wahrscheinlich beschäftigen Sie sich gerade mit unrasierten und rot gefärbten Waden gegen häusliche Gewalt oder mit gelben Sonnenbrillen gegen lüsterne Männerblicke. Vielleicht aber auch nur mit Peace-Zeichen im Wohnzimmer, Spinat als Salat oder Erdbeer-Smoothie mit Grünkohl. Kann alles passieren.

Getränketrends etwa sind mein persönliches Kryptonit. Es gibt Menschen, die brauchen jede Woche ein neues Getränk, eine neue gesunde Variante, die Gewichtsreduktion und Wohlbefindenserhöhung versprechen. Das sind Selbstverbesserungsjunkies und Optimierungsopfer, die den Zitronengras-Cranberry-Shake versuchen, Spinattee und die Detoxserie für daheim.

Ich bin da pragmatischer – und ich rede mir ein, dass es daran liegt, dass ich ein Mann bin. Wenn wir uns selbst als ein Tier beschreiben, enthalten die Bezeichnungen stets dumpfe Vokale. Also: Wolf. Hund. Bär. Wobei Letzteres schon das Äußerste ist, weil darin noch nicht einmal ein richtiger Vokal enthalten ist, sondern ein Umlaut. Ein Mann käme nie auf die Idee, sich als Delfin zu bezeichnen. Pinguin. Meerschweinchen. Zwergspitz. Solche Sachen halt. Ein Zwergspitz führt nicht an, ein Zwergspitz rennt hinterher und sieht dabei auch noch aus, als hätte ihn jemand im Trockner vergessen.

Ein Bär, ja, der schert sich nicht darum, was andere von ihm denken – solange er jeden Tag einen Topf mit Honig bekommt. Oder ein Leitwolf – ja, das ist einer. Vielleicht wollen viele Männer deshalb auch nicht nur Leitwölfe sein, sondern auch so aussehen. Deshalb lassen sie sich einen Pelz wachsen: auf dem Kopf, auf der Brust, auf dem Rücken – und neuerdings auch wieder im Gesicht.

Ein Bart, das ist ja gerade so ein bisschen das, was früher mal die Nase war: ein Symbol der Männlichkeit, je länger und dicker und prächtiger, desto besser. Was dabei oftmals vergessen wird: Der Bart ist ein rein pragmatischer Trend. Klar wären lange Haare super, aber das mit den Haaren ist so ein Problem, wenn sie da oben auf dem Kopf nicht mehr wachsen. Das ist doof, doch im Gesicht, da sprießen sie ja weiterhin. Also drücken Männer ihre Individualität dadurch aus, dass sich alle den gleichen Bart wachsen lassen. Nicht gefärbt. Ist ein Symbol. Fürs Mannsein.

Und in zwanzig Jahren wird die nächste Generation über Vollbart und Hipster-Dutt lästern, so wie wir jetzt über Schnurrbart und Vokuhila-Heckspoiler lästern.

Wir Männer, das zeigt der Barttrend, sind kein bisschen anders als Frauen, wenn es um Züge geht, auf deren Trittbrett man ein bisschen mitfahren kann. Ihr drückt eure Weiblichkeit durch gefärbte Achselhaare aus, wir wollen durch Gesichtspelz andeuten, dass wir dann doch ziemlich harte Burschen sind. Alles klar, schon verstanden. Ich finde es mittlerweile eher lustig, dass sich Männer darüber amüsieren, dass Frauen angeblich jedem Trend hinterherlaufen würden – dann selbst aber wie Orgelpfeifen mit Bart und Dutt an einer Bar stehen und Craft Beer trinken. Wenn es um Trends geht, dann sind wir alle Lemminge.

Und wo wir gerade über Lemminge sprechen: Ist Ihnen aufgefallen, dass Lemminge als Porzellanfiguren gerade voll en vogue sind? Nicht? Sind offensichtlich schon wieder out wie die gefärbten Achselhaare. Ach, Mist. Dann lassen Sie mich Ihnen wenigstens eine Regel mit auf den Weg geben, die schon immer galt und wahrscheinlich noch in vielen Jahren gelten wird. Einer der letzten Langzeittrends: Wer kein Deo benutzt, der gehört zur Achsel des Bösen.

Kapitel 9

Zahltag

Oh, Sie sind also Journalistin? Das ist schön für Sie – doch ich lehne Sie ab. Ich mag Sie nicht und werde mich dafür einsetzen, dass Sie bald aufhören mit diesem Quatsch. Warum? Hauptsächlich aus Angst.

Ich muss gestehen, dass ich nicht hauptberuflich Bücher schreibe. Das tue ich nur, weil es mir Spaß macht und ich dadurch weg bin von der Straße – ein Hobby sozusagen, für das ich kein Geld ausgeben muss. Ich bekomme sogar Geld dafür. Das lehne ich natürlich nicht ab, ich finde das prima und mache so lange weiter, bis jemand bemerkt, dass ich das auch kostenlos tun oder vielleicht sogar dafür bezahlen würde.

Im wahren Leben – also dem, in dem ich Rechnungen bezahlen muss –, da bin ich Journalist. Das ist ein schöner Beruf, weil man dafür nicht besonders viel können muss. Zumindest behaupten das meine Freunde. Mit einem Prominenten sprechen, abtippen, fertig. Ein Fußballspiel gucken, schreiben, fertig. Eine Meinung haben, sie formulieren, fertig. Oder so ähnlich. Der Begriff ist noch nicht einmal geschützt, es darf sich jeder Journalist nennen, der Geschichten irgendwo veröffentlicht. Das bedeutet, dass heutzutage jeder ein Journalist ist, der über eine eigene Homepage oder einen Facebook-Account verfügt.

Ich mag meinen Beruf, weil er einer der wenigen auf der Welt ist, in dem das allermeiste von dem, was man selbst ist, in das hineinfließt, was man macht. Ich bin das, was ich schreibe – und wie ich es schreibe, hat entscheidend damit zu tun, wer ich bin –, wie ich die Welt sehe, was ich gelesen und mit wem ich gesprochen habe. Das finde ich einen schönen Gedanken, und ich wünsche jedem Menschen auf der Welt, dass er auch so einen Beruf hat.

Es stört mich deshalb nicht, dass sich viele Menschen als Journalisten bezeichnen, von mir aus darf das die halbe Welt tun – nur die Frauen machen mir ganz schön zu schaffen. Ich habe nämlich herausgefunden, dass Frauen genauso gute Journalisten sind wie Männer. Und das finde ich ziemlich doof.

Ich habe wirklich lange analysiert, ob Frauen nicht doch weniger qualifiziert sind für diesen Beruf. Um ehrlich zu sein: fünf Jahre lang. Ich habe zuerst mit körperlichen Dingen wie Größe oder Kraft angefangen, doch die spielen nun wirklich keine Rolle. Danach ging es mir um die Fähigkeit des Formulierens, doch Frauen schreiben mindestens genauso schöne Texte wie Männer. Ich habe weitergemacht mit sozialen Kompetenzen, Arbeitseifer und Bereitschaft zu Überstunden – doch es hilft nichts: Frauen sind auch in diesen Bereichen genauso gut wie Männer. Nicht besser. Nicht schlechter. Genauso gut.

Natürlich gibt es Unterschiede, doch die haben mit dem Geschlecht nichts zu tun. Es gibt tolle Journalistinnen, es gibt tolle Journalisten. Es gibt schreckliche Journalistinnen, die keinen geraden Satz schreiben können und dennoch davon leben wollen. Es gibt schreckliche Journalisten, die keinen geraden Satz schreiben können und dennoch davon leben wollen. Glauben Sie mir, ich habe jahrelang gesucht nach einem nachvollziehbaren Nachteil für Frauen. Es gibt keinen.

Doch noch immer lehne ich Frauen als Journalisten ab. Aus Angst, wie schon erwähnt.

Einer Erhebung des Statistischen Bundesamtes zufolge verdienen Frauen bei ähnlicher Qualifikation in gleichen Berufen etwa acht Prozent weniger als Männer. Das finde ich gar nicht mal so schlecht – vor allem deshalb, weil ich ein Mann bin und deshalb acht Prozent mehr verdiene als jemand, der genauso gut ist wie ich. Es soll ja Menschen geben, die sich über diese schreiende Ungerechtigkeit aufregen – doch wenn sich die Ungerechtigkeit zu meinen Gunsten auswirkt, dann verhalte ich mich erst einmal ruhig.

Für mich war das bislang immer ein bisschen wie einen Euro auf der Straße finden. Natürlich ist das ungerecht, weil ihn niemand anderes findet und ich einfach nur Glück hatte – aber soll ich ihn deswegen zurücklegen auf die Straße? Warum sollte ich mich darüber beschweren, dass ich mehr verdiene – zumal ich mir ja auch einreden kann, dass diese zusätzlichen acht Prozent nicht auf mein Geschlecht zurückzuführen sind, sondern auf meine unglaublichen Qualitäten oder wenigstens auf die schicken Hemden, die ich im Büro trage. Ich werde dafür bezahlt, dass mein Ego größer wird.

Gender Pay Gap heißt das. Geschlechtsspezifische Gehaltslücke. Na ja, acht Prozent, das klingt zunächst einmal nach nicht besonders viel. Warum also die Aufregung?

Es geht jedoch weiter. Viel weiter. Das Statistische Bundesamt teilte außerdem mit, dass Frauen insgesamt durchschnittlich zweiundzwanzig Prozent weniger verdienen als Männer. Das liegt an dem bereits genannten Unterschied bei gleicher Qualifikation, doch der Löwenanteil kommt woanders her – denn nicht alles, was ungerecht ist, wurde aus Diskriminierung geboren.

Viele Weichen stellen Frauen selbst, allerdings ohne es zu merken. Es geht um Berufswahl, Länge des Arbeitstages oder die Frage, ob sie gerne Führungsjobs übernehmen würden. Frauen entscheiden sich häufig für soziale Berufe, Dienstleistungsjobs oder solche, die verdienstvoll, aber oftmals schlecht bezahlt sind. Sie bewerben sich nicht um Führungspositionen, weil sie sich mangels Vorbildern oder aus anderen Gründen für nicht geeignet halten. Und tatsächlich: Geld interessiert, das zeigen zahlreiche Studien, viele Frauen bei der Berufswahl zunächst einmal nicht besonders, zumindest nicht in dem Maß wie Männer. Sie wollen lieber einen Beruf, der ihnen Spaß macht und sie erfüllt. Kann ich verstehen, das habe ich auch so gemacht – und erst viel später festgestellt, dass ein Journalist noch nicht einmal die Hälfte von dem bekommt, was ein Unternehmensberater einstreicht.

Ungerechtigkeiten bemerkt man meist erst, wenn es längst zu spät ist.

Financial illiteracy heißt das, finanzieller Analphabetismus. Das klingt recht negativ. Ist es auch. Ich bin auch ein finanzieller Analphabet. Das wird Ihnen jeder bestätigen, der mich kennt.

Das Deutsche Institut für Wirtschaftsforschung (DIW) hat gar eine Studie vorgelegt, in der heißt es: »Frauen erzielen im Durchschnitt nur die Hälfte der Einkommen von Männern.« Durchschnittlich erreichen Frauen über alle Einkommensarten hinweg nur neunundvierzig Prozent des Pro-Kopf-Bruttoeinkommens von Männern. Ganz krass wird es, wenn es um die dicken Scheine geht: Unter allen Deutschen, die sich über ein Bruttoeinkommen von über 75 000 Euro jährlich freuen können, sind achtzig Prozent Männer. In der obersten Einkommensklasse mit einem Jahresverdienst von 500 000 Euro liegt der Anteil von Frauen gar nur noch bei sechzehn Prozent.

Und es gibt noch eine Studie, nach der in westlichen Ländern der Prozentsatz jener Familien, in denen in einer heterosexuellen Beziehung die Frau das größere Einkommen bezieht, zwischen zweiunddreißig und achtunddreißig Prozent liegt. Das ist deutlich besser als noch vor fünfunddreißig Jahren (zwischen zweiundzwanzig und siebenundzwanzig Prozent), aber es fehlen noch immer mindestens zwölf Prozent zur Gleichheit.

Natürlich ist das ungerecht.

Ich will das gar nicht analysieren, das haben klügere Menschen als ich bereits in Büchern und Artikeln getan. Ich will das auch gar nicht beklagen, weil auch das haben klügere Menschen als ich bereits in Büchern und Artikeln getan. Und ich will nicht darüber diskutieren, das tun klügere Menschen als ich in beinahe jeder Talkshow, die es gibt, wenn gerade mal kein anderes politisches Thema ansteht. Frauen und Gehalt, das zieht immer.

Mir geht es eher um die Frage: Wie fühlt sich das an, weniger zu verdienen für die gleiche Arbeit? Ich glaube, dass ich dann in der Lage sein könnte, dieses Problem wirklich zu verstehen. Nur: Wie simuliert man das? Weniger Geld bekommen für die gleiche Leistung und wegen etwas, wofür man nun wirklich nichts kann? Ich überlege zunächst, einfach acht Prozent meines Gehalts auf ein Konto für meinen Sohn zu überweisen. Das wäre jedoch Heuchelei, weil das Geld bliebe in gewisser Weise doch im Familienbesitz, der Verdienst wird dadurch ja nicht weniger. Ähnlich verhielte es sich beim Spenden – was grundsätzlich eine gar wunderbare Sache ist, für mein Projekt aber den genau umgekehrten psychologischen Effekt hätte: Ich würde mich nicht über das geringere Einkommen ärgern, sondern hätte gar noch ein wohliges Gefühl im Bauch, einer guten Sache dienlich gewesen zu sein.

Ich wollte auch nicht unbedingt wegen Geisteskrankheit gefeuert werden, wenn ich zu meinem Chef gehe und ihm mitteile, künftig auf zwanzig Prozent Gehalt zu verzichten. Das Geld möge bitte gleichmäßig auf die weiblichen Mitglieder der Redaktion verteilt werden.

Mir hat der Zufall geholfen, oder vielleicht waren es auch die Finanzminister von Griechenland, Spanien und Portugal, womöglich sogar der Chef der Europäischen Zentralbank. Auf jeden Fall habe ich tatsächlich weniger verdient, trotz der gleichen Leistung und wegen etwas, wofür ich nun wirklich nichts kann. Ich bin Korrespondent in Los Angeles und schreibe für deutsche Zeitungen und Zeitschriften – hin und wieder veröffentliche ich ein Buch, ebenfalls in Deutschland.

Das bedeutet, dass ich von meinen Auftraggebern Eurobeträge auf ein deutsches Konto überwiesen bekomme. Aufgrund meines Wohnorts allerdings bezahle ich fast alle meine Rechnungen in US-Dollar. Ich muss also andauernd Geld in die

Vereinigten Staaten schicken, mein tatsächliches Einkommen ist deshalb vom Wechselkurs abhängig. Der lautete im Sommer 2013:1,37. Der Wechselkurs im Februar 2016:1,08. Das ist ein Unterschied von knapp dreißig Prozent.

Für mich bedeutet das, dass ich dreißig Prozent weniger für die gleiche Arbeit bekomme – und ich kann nichts dafür und nichts dagegen tun. Das passiert nur deshalb, weil ich ein Mensch bin, der in Euro verdient und in Dollar ausgibt.

Ich habe mich immer ein bisschen lustig gemacht über die Gehälterdebatte – und auch diese doofen Witze und Sprüche gemacht, die wir alle schon gehört haben. Nun sitze ich daheim und spreche mit meiner Frau über diese himmelschreiende Ungerechtigkeit, dass der Euro plötzlich beschlossen hat, eine gewaltige Schwächephase hinzulegen und der Dollar im Gegenzug mit der breitesten Brust seit Bill Clinton daherkommt.

Natürlich haben das nicht Euro und Dollar selbst beschlossen. Die Gründe dafür sind mannigfaltig und sind sowohl in deutschen als auch amerikanischen Zeitungen ausführlich debattiert worden. Auch die Konsequenzen übrigens; in der *Los Angeles Times* gab es einen ausführlichen Bericht darüber, dass die Amerikaner doch möglichst schnell zum Shoppen nach Europa fliegen sollen. »Sie können jetzt die Welt kaufen«, heißt es in dem Artikel. Ja, wirklich: die Welt. Und ich kann mir nicht mal mehr einen Hotdog leisten.

Ich beneide alle Amerikaner, die mir verzückt mitteilen, dass sie einen Urlaub in Deutschland gebucht haben, weil das ja gerade so billig sei. Bislang war Neid eine Eigenschaft, die mir völlig fremd war – vor allem, wenn es um Geld ging. Doch nun platze ich beinahe, wenn mir mein Nachbar erzählt, dass er angesichts des Dollarkurses so eine gepflegte Mass auf dem Oktoberfest gar nicht mal so teuer findet. Ich bemitleide mich selbst ob dieser Ungerechtigkeit oder der Ohnmacht, so rein gar nichts dagegen unternehmen zu können.

Natürlich gibt es auch diese witzig gemeinten oder doch recht dummen Kommentare, die ein bisschen an Michael Rum-

menigge und Mario Basler erinnern. Natürlich ist es fragwür-
dig, mit geistigen Gütern nur bedingt gesegnete Gesellen wie
Rummenigge und Basler überhaupt zu zitieren, doch in diesem
Fall tun es tatsächlich sehr viele Menschen. Sie sagen: »Na,
dann wärst du halt kein Korrespondent geworden.« Oder:
»Dann zieh doch wieder heim.« Oder: »Du würdest es doch
auch nehmen, wenn der Wechselkurs wieder besser wird.«

Was jedoch das Schlimmste ist: das geheuchelte Verständnis
aller anderen. Die Beteuerungen, diese knifflige Situation total
zu verstehen, das alles ganz schrecklich zu finden und natürlich der Meinung zu sein, dass da dringend jemand was unternehmen müsse. Das könne ja so nicht weitergehen. Also, das
könne ja gar nicht sein.

Nur: Es geht so weiter, weil es dann doch niemanden wirklich interessiert und sich letztlich niemand kümmert. Es hat
sich später jemand um mich gekümmert, weil mein Arbeit-
geber ein toller ist und Verständnis hatte.

Nein, ich will mich wirklich nicht beschweren – obwohl ich
das gerade getan und Sie damit genervt habe. Das wollte ich
nicht. Ehrlich nicht. Ich habe jedoch verstanden.

Weniger Geld bekommen für die gleiche Leistung und wegen
etwas, wofür man nun wirklich nichts kann. Wie sich das anfühlt, wollen Sie wissen? Ich weiß nun, wie sich das anfühlt.
Ich werde Ihnen sagen, wie sich das anfühlt.

Es fühlt sich absolut beschissen an.

Kapitel 10

Emotionale Enthemmung

Eine Käsepizza. Chicken Nuggets. Eine halbe Tafel Schokolade. Gummibärchen. Chips mit Käsedip. Häagen-Dazs. Die andere Hälfte der Schokoladentafel. Mehr Gummibärchen. Gott, bin ich deprimiert!

Satt war ich vor ungefähr viertausend Kalorien. Ich war gefüllt, aber nicht erfüllt. Nun liege ich auf der Couch und bin glücklich – exakt eine Sekunde lang. Dann beginnen Selbsthass und Selbstmitleid einen unnatürlichen Wettstreit in meinem Bauch. Ich will einerseits jemand anderem die Schuld geben für die wahrscheinliche Gewichtszunahme von etwa sieben Kilogramm, andererseits weiß ich natürlich, dass ich alleine schuld bin an diesem Dilemma.

Ich versuche gerade, ein Kapitel für dieses Buch zu schreiben – doch es funktioniert nicht. Normalerweise würde ich mich nun in Embryostellung ins Bett legen und auf eine göttliche Eingebung warten. Oder ich würde mit Freunden losziehen und mich fürchterlich betrinken. Oder auf einen Sandsack einprügeln. Oder mich von einem Kumpel verprügeln lassen wie ein Sandsack. Beim Fußballtraining jemandem eine gepflegte Blutgrätsche verpassen. Solche Sachen eben, die ein Mann so macht, wenn er frustriert ist.

Tue ich aber nicht. Ich esse – weil mir gesagt worden ist, dass Frauen das so machen, wenn sie deprimiert sind. Ich bin nun derart vollgefressen, dass ich mit einer gewaltigen Waschtrommel vor dem Spiegel stehe und feststelle, dass ich nicht nur ein schrecklicher Schriftsteller bin, sondern auch ein prächtiges Spanferkel abgeben könnte. Die einzige Lösung für meine Depression: noch mehr essen! Noch eine Pizza. Schokolade. Gummibärchen.

Der grandiose Koch Holger Stromberg hat mir einmal erklärt, wie das so läuft mit dem Essen. »Es gibt Mahlzeiten, die fühlen sich bereits nach wenigen Bissen an wie ein grandioser Orgasmus«, sagte er. »Andererseits ist es auch bei schlechtem Essen wie beim Sex.« Also: Wer nur lange genug Sachen in sich hineinschiebt, der wird irgendwann einmal zufrieden auf dem Bett liegen und sich einreden, dass er da gerade etwas Wunderbares erlebt hat. Für zwei Minuten, dann folgen wie bei einem schlechten One-Night-Stand Gewissensbisse, Selbsthass und der Drang, das alles ungeschehen zu machen.

Die rituelle Selbstkasteiung durch maßlose Nahrungsaufnahme scheint ein rein weibliches Phänomen zu sein. Natürlich, wir Männer fressen auch, das hat jedoch meist eher mit Maßlosigkeit und sportlichem Ehrgeiz zu tun: Ein Freund hat einem den Megaburger gebrutzelt. Die Bedienung im Steakhouse verkündet, dass es heute das 850-Gramm-T-Bone gibt und dass diese an Fred Feuersteins Brontosaurier-Rippchen erinnernde Köstlichkeit noch nie jemand zuvor bezwungen hat. Und natürlich Esswettbewerbe jeglicher Art mit jeglicher Form von Nahrung: Hotdogs. Salzstangen ohne Wasser. Einen kompletten Knödel. Das Essen aus Kummer ist ein bei Männern eher seltenes Phänomen.

Der Auftrag, bei Kummer oder Sorgen den Magen mit allem vollzustopfen, was Küche und Vorratskammer so hergeben, stammt übrigens von mehr als zweihundert Frauen – die haben das offensichtlich allesamt schon erlebt und kennen dieses Gefühl, das meine Frau so beschreibt: »Zwei Wochen lang fast jeden Tag Sport gemacht, wenig gegessen, kein Dessert. Nicht einmal eine Fritte von meinem Sohn, die er mir mit Hundeblick angeboten hat. Auf der Waage stehen jedoch zwei Pfund mehr! Was zur Hölle ist da los? Ich bin genervt und hungrig und wütend und schiebe mir einen Schokokeks in den Mund – überprüfe aber sogleich bei Weight Watchers die Punkte: mehr als Frühstück und Mittagessen zusammen. Großartig. Ach, ist jetzt auch egal. Der Tag ist nun eh gelaufen. Ich esse gleich noch einen. Lecker! Wo ich schon mal dabei bin, probiere ich gleich noch das Eis, das ich vor meiner Diät gekauft habe. Wenn ich heute schon keine Kalorien zähle, dann gebe ich es mir auch richtig. Ich könnte noch ein Glas Wein trinken. Und Chips dazu essen. Mit Käse.

Dann ist mir schlecht. Oh Gott, was hab ich getan? Ich esse nie wieder was. Nie wieder! Vielleicht probiere ich mal so eine Saftkur aus. Ja genau, nur Saft. Ich bin so fett. Und hungrig. Nur noch ein Keks. Ab morgen esse ich ja dann eh nichts mehr. Wenn ich morgen mit der Radikaldiät anfange und jede Woche ein Kilo abnehme, dann bin ich bis zum Sommer ein Hungerhaken und mache alle anderen neidisch. Ha! Aber ich hab ja noch ewig Zeit. Jetzt trinke ich erst mal meinen Wein fertig und leere die Keksdose. Ich meine, wie viel kann man an einem Tag schon zunehmen? Oh Gott, ist mir schlecht.«

Emotionale Enthemmung des Essverhaltens heißt das wissenschaftlich. Mein Ausdruck dafür: Fressen und sich dafür verdammen ist das Perpetuum mobile des Selbsthasses.

Der Vollstopfeffekt lässt sich tatsächlich wissenschaftlich erklären. Bei nicht wenigen Menschen vermittelt Essen das Gefühl von Geborgenheit und Trost, zudem sind bei Stress und Kummer die Nervenzellen im Gehirn besonders aktiv, sie aktivieren Hungerhormone und schicken die nicht misszuverstehende Botschaft: Essen! Jetzt!

Das Fatale daran ist nur, dass der Mensch in diesem Moment kein Gourmet ist – wer will schon, dass sich eine wunderbare Nudelsauce und hochkommende Galle auf halbem Weg treffen? Also schiebt er sich den schlimmstmöglichen Müll in den Mund, der sich in Greifweite befindet. Und davon möglichst viel.

So geht es mir gerade auch. Ich habe innerhalb von fünf Stunden insgesamt hundertdreiundfünfzig Wörter geschrieben und davon hundertdreiundfünfzig wieder gelöscht. Ich sitze nun vor einem leeren Blatt und weiß, dass ich der schlechteste Autor auf der ganzen Welt bin. Ach was, ich bin der schlechteste Mensch überhaupt. Also enthemme ich mein Essverhalten emotional und stopfe in mich hinein.

Es schmeckt nicht, aber es fühlt sich gut an. Diese Pizza, bei der das Fett heruntertropft. Dieser Marshmallow, in den ich ein Stück Schokolade gesteckt habe und den ich mir komplett in den Mund schiebe. Diese Gummibärchen – selbst die weißen, die ich sonst nicht mag. Egal, rein damit. Diese Tortillachips, die ich zuvor in einen Bohnen-Käse-Dip tunke. Herrlich!

Natürlich geht es mir eine Stunde später schlecht, ich leide an Atemnot und einer gewaltigen Einschränkung meiner motorischen Fähigkeiten. Ich hasse mich selbst, weil ich weiß, dass ich das alles beim Basketball büßen muss und von den Mitspielern nun noch mehr Spott abbekomme. Doch es gibt eine Abhilfe: Mehr essen! Eiscreme. Dazu Rotwein. Und natürlich mehr Schokolade. Es ist unsinnig! Es ist komplett verrückt! Es ist einfach nur herrlich!

Ich verstehe, warum Frauen das machen: Es geht darum, sich an einem beschissenen Tag wenigstens ein paar Minuten lang gut zu fühlen – und sei es durch die Endorphine, die man sich über den Mund ins Gehirn schießt. Natürlich ist es langfristig sinnlos, doch ist es weniger schädlich als die männlichen Varianten Saufen und Blutgrätschen. Warum also nicht? Schadet ja auch nicht.

Ich fange an, meine Erfahrungen aufzuschreiben – und stelle fest, dass dieses Kapitel noch immer nicht gerade gelungen ist. Finde ich. Nicht witzig. Nicht klug. Ich bin ein schlechter Autor. Ich bin ein schlechter Mensch. Ich brauche

Schokolade. Jetzt! Tut das gut. Aber das Kapitel wird deshalb nicht besser.

Ich brauche Eiscreme! Schnell!

Kapitel 11

Im Wellnesstempel

Es gibt einen wunderbaren Satz, der österreichische Schriftsteller Friedrich Torberg hat ihn irgendwann einmal aufgeschrieben. Dieser Satz beinhaltet alles, was man über den
Umgang von Männern mit ihrem Körper wissen muss. Dieser
Satz lautet so: »Alles, was an einem Mann schöner ist als an
einem Affen, ist Luxus.«

Natürlich sind wir keine Neandertaler mehr, die in der
Muckibude am Wachstum der Nackenmuskulatur arbeiten
und verschiedene Formen der Gesichts- und Körperbehaarung
präsentieren (wobei der neue Hipster-Vollbart-Trend in diese
Richtung geht). Wir wissen, dass Luxus durchaus sinnvoll sein
kann, wenn wir Frauen oder auch Männer von uns begeistern
möchten. Wir wollen andererseits aber auch nicht daherkommen als weichgespülte Wellnessfreaks mit Vorlieben für Peeling
und Packungen, Gurkenmasken oder Glibbercremes.

Wir wollen das Resultat ohne die dafür nötige Anstrengung:
Wir würden gerne so Fußball spielen wie Cristiano Ronaldo,
aber wir haben keine Lust auf Dauerläufe bei minus vier Grad
oder stundenlanges Feilen an der Schusstechnik. Wir würden gerne so schreiben wie Hunter S. Thompson oder Charles
Dickens, aber bitte ohne die Drogen, die Krankheiten oder die
persönlichen Sorgen, die zum Schreiben derart genialer Zeilen
nötig sind. Wir wollen aussehen wie George Clooney oder
Dwayne Johnson oder Ryan Gosling – aber ohne das Gewich-

testemmen und Gesund-Essen und Gesichtsbehandlungen. Wir wollen das Ziel ohne den Weg.

Ich bin da keine Ausnahme, ich mag es zum Beispiel nicht besonders, wenn jemand an meinem Körper zupft und zwickt und ziept – weshalb ich auch nicht gerne zum Zahnarzt gehe. Ich habe nichts gegen Schmerzen, ich mag es nur nicht, wenn ein fremder Mensch mit Instrumenten, die im Mittelalter zur Folter eingesetzt wurden, in meinem Mund herumfuchtelt. Ähnlich verhält sich das bei Maniküre und Pediküre und Gesichtsbehandlungen. Da werkelt jemand an einem herum, den man noch nie in seinem Leben gesehen hat. Aber egal, ich soll herausfinden, warum das entspannend und damit wertvoll sein soll.

Ich bin in einem dieser Wellnesstempel, in denen einem eine Kombination aus Selbstverbesserung und Entspannung versprochen wird – also das Resultat ohne die Anstrengung. Es gibt *Poseidon im Meeresrausch*, *Der bewegte Mann*, *Just for gents*, *Aus Adam wird Adonis*, *Business Break*, *Mann, tut das gut*, *Cäsartag* oder *Reine Männersache*. Ich bestelle: »Einmal alles, bitte!« Es ist zehn Uhr morgens – und ich habe vor, bis um zwanzig Uhr hierzubleiben und alles zu probieren, was es so gibt. Zu meiner Überraschung scheint meine Bestellung dort niemanden zu überraschen. Das passiert wohl häufiger.

Es beginnt mit Dusche und Dampfbad mit anschließender Ruhe, die sich schnell in Langeweile verkehrt und damit eher stressig ist als entspannend. Doch das dauert nicht lange, nun beginnt die Gesichtsbehandlung. Neben dem Auftragen zahlreicher Cremes, was entspannend ist, bekomme ich Unreinheiten beseitigt (okay), Pickel ausgedrückt (schmerzhaft) und die Augenbrauen gezupft (Herrgott, tut das weh!). Vor allem aber ist diese Behandlung ein Verkaufsgespräch: Die nette Frau erklärt mir beim Drücken den Zustand meiner Haut und die richtigen Cremes für diesen speziellen Typ – und ganz zufällig wird vorne an der Kasse ein komplettes Set feilgeboten. Sollte man sich unbedingt gönnen, sagt sie, während sie ein Büschel Augenbrauen ausreißt.

Ich bin nicht so richtig entspannt, sondern eher versucht, das Hautpflegeset im Internet zu finden – jedoch: Jede Form der Kommunikation mit der Außenwelt ist verboten. Ich muss liegen und entspannen. Ich muss nicht an draußen denken. Nein: Ich darf nicht an draußen denken. Und das ist der Moment, in dem meine Muskeln aufgeben und sich mein Gehirn in den Stand-by-Modus begibt.

Niemand will etwas von mir. Niemand kann etwas von mir wollen. Ich bin weg. Ich bin allein. Ohne Sorgen. Ohne Ängste. Wow!

Wie ein debil grinsender Zombie lasse ich mich von Raum zu Raum führen. Ich werde in Schlamm gepackt. Ich trinke Tee. Ich halte meine Füße in warmes Wasser. Ich werde massiert. Jemand schneidet meine Zehennägel. Das kitzelt. Jemand fragt, ob ich Hunger habe. Ich verneine. Ich trinke Tee. Jemand massiert meine Hände. Ich bekomme heißen Dampf ins Gesicht. Jemand wäscht meine Arme. Ich trinke Tee. Warum trage ich Nagellack? Egal. Jemand massiert meinen Nacken. Ich schlafe ein. Babys schlafen nicht so gut wie ich gerade.

Ich wache auf. Ich trinke Tee. Ich dusche. Ich bin ein neuer Mensch. Und ich verstehe.

Es geht gar nicht darum, eine Generalüberholung am eigenen Körper durchzuführen. Das ist nur ein willkommener Nebeneffekt. Natürlich ist es einfacher, eine Detoxkur durchzuführen, als sich endlich gesund zu ernähren. Natürlich ist eine Botoxparty einfacher zu planen als ein faltenhemmender Lebenswandel. Natürlich ist die Algenkur, die zwei Zentimeter weniger Bauchumfang für die nächste Hochzeit verspricht, einfacher als weniger Essen und mehr Sport. Ich kenne genug Menschen, die sind zu faul für einen Zehnminutenspaziergang, pulvern aber mehr als hundert Euro im Monat für Produkte raus, die Schlankheit versprechen.

Allerdings ist das, was ich da einen Tag lang erlebe, eine Form des Eskapismus, so wie es auch Computerspiele, der Besuch eines Fußballspiels oder das Surfen im Ozean sein könnten. Man darf für eine gewisse Zeit an einen Ort flüchten, an dem einen die Welt da draußen mal ganz gewaltig am Arsch lecken kann. Es sind ein paar Stunden Ruhe in einer Welt, in der es kaum noch Ruhe gibt. Und fantastisch, dass einen der Partner und das Kind, die man beide natürlich von Herzen liebt, mal ein paar Stunden nicht nerven. Nein, nicht nerven können! Herrlich! Es ist der Weg, der ganz nebenbei auch noch zum Ziel führt. Liebe Frauen, ich verstehe total, warum ihr mal wegwolltt von uns. Warum ihr eure Ruhe haben wollt.

Natürlich gibt es die Welt da draußen danach immer noch, das wird mir beim Bezahlen klar. Ich hätte dafür meine besten drei Freunde zu einem Fußballspiel mit Bestlage der Sitze, Bier und Bockwurst einladen und sogar die Feier danach in einer Kneipe finanzieren können. Und am Ende des Abends jedem noch zwei Computerspiele und zwei Tickets für die Oper überreichen.

Doch das ist egal, ich bin noch immer im Gute-Laune-Zombie-Modus und kaufe deshalb auch noch die komplette Pflegeserie. Warum? Weil es herrlich war, sich für zehn Stunden von der Welt zu verabschieden – mit dem interessanten Nebeneffekt, sich nun ein bisschen luxuriöser zu fühlen als ein Affe.

Kapitel 12

Der Kampf ums Badezimmer

Ich habe hin und wieder den Verdacht, dass mich meine Frau für eine Mischung aus Ferkel und Welpen hält, oder für ein frisch geschlüpftes Hausschwein – zumindest behandelt sie mich so, sobald ich das Badezimmer betrete. Sie denkt offensichtlich, dass mein einziges Ziel im Leben außer essen und schlafen ist, diesen Raum innerhalb kürzester Zeit möglichst kräftig einzusauen. Wie das nicht dressierte Haustiere machen.

Sie klagt mich an, ich würde mein Revier markieren (Benutzung der Toilette), Borsten hinterlassen (rasieren), Heu aufwühlen (Handtücher verwenden), mich im Matsch suhlen (duschen) und danach den kompletten Stall einmal umräumen (Zahnbürste, Föhn und Deo benutzen und irgendwo liegen lassen). Je nach Grad der Verwüstung werde ich dann wie ein kleiner Hund entweder gestreichelt, getadelt oder bestraft.

Ich glaube, dass jeder Mann das kennt.

Das Badezimmer ist ein hormonelles Schlachtfeld der Selbstinstandhaltung, das sich im Laufe der Jahre von einem Ort des freundlichen Dialogs zum Krisengebiet entwickelt hat. Es begann mit kleinen Gehässigkeiten wie dem Verstecken ihres Glätteisens bei gleichzeitiger zentraler Platzierung meiner Rasiercreme, steigerte sich zu offensiven Handlungen wie jener, dass sie stets die Batterien aus meinem elektrischen Rasierer entfernte, wenn sie auch nur ein Barthaar im Waschbecken fand – und endete vor wenigen Wochen mit der Erklärung des Kalten Krieges, was nichts anderes bedeutet, als dass die Pfründe aufgeteilt wurden. Mit klaren Grenzen und Bestrafung bei Missachtung des Friedensvertrags.

Sieben Prozent. Das ist mein Anteil, auf dem Pflegeprodukte und Säuberungsutensilien abgestellt werden dürfen. Die Begründung dafür lautet, dass exakt sieben Prozent aller Produkte in diesem Raum mir gehören. Der Rest ist entweder im Gemeinschaftsgebrauch, wie etwa Föhn, Zahnpasta und Seife (dreißig Prozent), wird ausschließlich von unserem Sohn benutzt (acht Prozent) – oder ist meiner Frau zuzuordnen. Ja, schon richtig gelesen: Fünfzig Prozent aller Artikel in unserem Badezimmer gehören Hanni.

Sie hat sich die absolute Mehrheit gesichert, jedoch nicht in demokratischen Wahlen, sondern durch Diktatur – bei der sich meine Frau auch noch selbst zum Diktator ernannt hat wie King Julian, der lässige Lemur in *Madagascar*. Wie bei jeder Diktatur sind Proteste sinnlos, es hilft nur eine handfeste Revolution. An der arbeite ich gerade gemeinsam mit meinem Sohn. Es ist Zeit für einen Aufstand.

Grundsätzlich läuft es in unserer Familie so: Für jedes Lebensjahr bekommt Finn von jedem Elternteil jeweils ein Prozent Stimmrecht bei Familienwahlen. Das bedeutet: Er ist nun sechs Jahre alt, er hält also zwölf Prozent der Stimmen, meine Frau und ich jeweils vierundvierzig Prozent. Das bedeutet: Sind beide Erwachsene einer Meinung, ist die Abstimmung vorbei – es reicht aber auch ein Zusammentun eines Erwachsenen mit Finn, um eine Mehrheit zu erreichen. Im Alter von siebzehn Jahren wird er dann vierunddreißig Prozent haben und Hanni und ich nur noch jeweils dreiunddreißig. Wobei: Dann wird er wohl nicht mehr abstimmen wollen.

Meine Chance auf mehr Gleichberechtigung im Badezimmer hängt also an meinen Fähigkeiten in Diplomatie und Lobbyismus. Ich brauche Platz, weil sich meine Badezimmeraufenthalte grundlegend ändern werden. Der Auftrag lautet, mindestens so viele Pflegeprodukte zu benutzen wie meine Frau und dadurch ihr Verhalten zu verstehen.

Für mich ist die Zeit im Badezimmer wie Fließbandarbeit: Es werden einzelne Schritte abgearbeitet, damit am Ende eine funktionierende und präsentable Maschine herauskommt. Muss kein Ferrari sein, auch nicht unbedingt ein VW – ein Audi genügt vollkommen. Für jeden Arbeitsschritt gibt es ein Gerät, das möglichst griffbereit und funktionstüchtig herumliegen sollte, sonst gerät die morgendliche Restauration ins Stocken. Genau das passiert jedoch, wenn da dauernd jemand umräumt und auch noch glaubt, das vollkommen rechtmäßig zu tun.

Ich habe öffentlich verkündet, meinen Anteil auf mindestens dreißig Prozent erhöhen zu wollen, weil ich künftig mindestens so viele Produkte verwenden werde wie meine Frau. Ich habe meinen neuen Anteil bereits gekauft, gestern in diesem Wellness-Spa. Nicht ganz freiwillig, aber ich wurde auch nicht dazu gezwungen. Ach, reden wir nicht mehr drüber.

Wenn ich verstehen will, warum sie im Badezimmer mindestens achtmal so lange braucht wie ich, dann muss ich erst einmal wissen, warum sie so viele Sachen besitzt. »Viele?«, fragt sie entsetzt, als ich sie darauf anspreche. »Nur mal so zum Vergleich: Ein koreanisches Gesichtspflegeritual besteht aus mindestens zehn Schritten, während man bei manchen deutschen Frauen gerade mal Waschgel und Feuchtigkeitspflege im Bad findet. Ich bin da immer noch im Schnitt.«

Sie sagt auch: »Wenn ich morgens aufwache und frisch gewaschen vor meinem Schminkspiegel sitze, dann fühle ich mich wie ein kleiner Picasso. Ich habe Paletten mit glitzernden Farben, Pinsel in allen Formen und Größen, Tiegelchen mit den verschiedensten Farbnuancen. Je nach Tagesform und Anlass kann ich einfach nur frisch und nett aussehen – oder mysteriös und verführerisch. Zumindest bilde ich mir das ein. Ihr Männer dagegen habt diese Möglichkeit nicht.«

Der Unterschied, so interpretiere ich das zumindest, zwischen den Gepflogenheiten liegt darin, dass sich Männer als Besitzer eines kräftigen Holzhauses sehen, das morgens mit Wasser abgespritzt und kurz auf Ungeziefer überprüft wird. Bisweilen müssen die Spinnweben in den Ecken entfernt und das Holz neu lackiert werden, doch grundsätzlich ist das Gebilde kräftig und bei regelmäßiger Wartung präsentabel, gemütlich und einladend.

Frauen dagegen sind die Restauratoren wertvoller Gebäude und Gemälde, die bei jeder neuen Aufgabe kreativ werden und ein ohnehin vorhandenes Kunstwerk verschönern dürfen. Und sie können entscheiden, ob sie heute mal ein komplexes Kunstwerk wie die Sixtinische Kapelle sein wollen, zeitlos schön daherkommen wie eine Roy-Lichtenstein-Frau oder dann doch mal einen auf Mona Lisa machen. Und, nun ja, es gibt ja stets die Möglichkeit für moderne Kunst.

Das will ich nun versuchen und habe mir bei meinem Besuch im Wellnesscenter nicht nur das mir angebotene Set gekauft, sondern auch verschiedene Pflegeprodukte für verschiedene Tage. Dazu hat mir der Make-up-Artist der Fernsehserie *Sons of Anarchy* ein paar Tipps gegeben, wie auch ein Mann kreativ werden, seinen eigenen Look erstellen kann und welche Produkte man dafür braucht. Oder mit seinen Worten: »Schatz, Make-up kann einen Mann auch männlicher machen – selbst aus dir kann ich einen Biker zaubern.« Nach dem »selbst aus dir« spreche ich zwei Wochen lang nicht mehr mit ihm.

Und natürlich gibt es bei YouTube nicht nur Michelle Phan, sondern auch zahlreiche Gesichtsgestaltungsgurus für Männer wie etwa *SkinCareWithRoss*, dessen Videos bis zu 600 000 Menschen sehen. Es gibt auch Colin Jay, der Männern beibringt, Make-up so anzuwenden, dass es so aussieht, als würde man keines tragen. Und es gibt die Seite von Wayne Goss, der einem zeigen will, wie *Manly Make-up* aussieht. Die Anleitung ist übrigens derart unironisch, dass man sie auch zu Unterhaltungszwecken ansehen kann.

Ich beginne den ersten Tag als *frischer und aktiver Jürgen*.

Also zwei Waschgels unter der Dusche für das Gesicht, eines davon mit perlendem Effekt, das andere zur Erfrischung. Der Körper bekommt einen Wachmacher und eine peelende Seife – in Kombination tatsächlich erfrischend, weil ich nach dem Waxing noch unbehaart bin. Beim Zähneputzen trage ich eine kühlende Minzmaske, danach folgen Moisturizer, ein Gel gegen Augenringe und eine abschließende Gesichtscreme. Die zuvor shampoonierten und konditionierten Haare werden luftgetrocknet, bekommen dann ein Salzwasserspray und werden mit Gel fixiert.

Ich komme mir vor wie Patrick Bateman in *American Psycho*.

Mein Sohn ist tierisch genervt, weil wir aufgrund der fünfunddreißig Minuten, die ich nun länger brauche, seiner Meinung nach zu spät zum Wochenmarkt kommen und es deshalb passieren könnte, dass Mami keine Blumen mehr bekommt. Ich sehe, dass da noch ein bisschen Lobbyarbeit nötig ist. Ich sage: »Aber guck doch, sehe ich nicht frisch und erholt aus?« Seine Antwort: »Du siehst aus wie immer. Mami auch. Mami ist die schönste Mami der Welt!«

Drei Tage später bin ich schlecht gelaunt und fühle mich ein wenig krank, muss jedoch dringend auf einen Termin. Es ist Zeit für *Biker-Jürgen*. Es gibt nun keine erfrischenden Pflegeprodukte in der Dusche, nur schnödes Gel. Danach Toner und Puder, das mit einem Pinsel über das komplette Gesicht verteilt wird. Danach ein dunkles Braun, das mit einem feineren Pinsel auf die Wangenknochen gestrichen wird. Das soll für ein wenig Dunkelheit und Geheimnis sorgen. Danach noch ein Puder, wieder übers komplette Gesicht verteilt. Danach Wasserfarben-Make-up fürs Kinn. Wird mit einem kleinen Schwamm aufgetragen. Ganz am Ende noch ein bisschen Eyeliner.

Jetzt mal ehrlich: Biker-Jürgen sieht dem frischen und aktiven Jürgen sehr ähnlich – ich habe aber insgesamt fünfundfünfzig Minuten gebraucht. Auch *Hangover-Jürgen* (es hilft nichts, man sieht dennoch aufgedunsen aus – nur die Eismaske und die extrem kalte Creme haben ein bisschen geholfen, weshalb ich die unbedingt behalten will) und *Wohltätigkeitsveranstaltungs-Jürgen* (ein bisschen Puder gegen Falten und Pickel, dazu Mascara und eine Creme zum Mitnehmen zum Auffrischen nach dem Tanzen) dauern viel zu lange, unterscheiden sich aber nur minimal von den anderen Versionen.

Dafür wird mein Sohn immer wütender, denn plötzlich gibt es neben dem Waschbecken keinen Platz mehr für Zahnpasta und Mundwasser, daneben auch kaum noch Raum für sein Badewannenspielzeug. Er solidarisiert sich immer mehr mit meiner Frau – wollte aber mal Eyeliner und Mascara benutzen, um unter der Batman-Maske diesen dunklen Augenrand zu haben. Hat funktioniert.

Es macht Spaß, das muss ich zugeben – und man wird recht schnell süchtig danach, neue Cremes und Masken auszuprobieren. Make-up dagegen finde ich unangenehm. Nicht das Aussehen, sondern das Gefühl, da etwas im Gesicht zu haben. Zum Abdecken von Pickeln oder anderen ungewollten Stellen bei wichtigen Terminen oder auf Partys: Warum nicht? Auch die verschiedenen Waschgels bei verschiedenen Duschanlässen (nach dem Training, nach dem Aufstehen, vor dem Ausgehen) finde ich sinnvoll. Nur: Auto fahren macht auch Spaß, doch jeden Tag eine Stunde ins Büro pendeln ist dann eher nervig.

Da bleibe ich doch lieber ein schönes Holzhaus, das nun anders renoviert wird als nur mit Wasser und Lack. Fünf Minuten mehr während des Zähneputzens, ein bisschen cremen gegen die mittlerweile nicht mehr zu leugnenden Falten, ab und zu mal beim Fernsehen eine Maske gegen Augenringe und Aufgedunsenheit. Finde ich persönlich nicht nervig und die Mühe wert – und meine Frau freut sich auch, wenn sie nicht eine Hütte voller Spinnweben betreten muss.

Was ich jedoch nicht verstehe, auch nach der Aufgabe nicht: Warum so viel Zeit? Warum so viel Geld? Würde ich nie machen. Viel zu anstrengend. Viel zu teuer. »Das ist zunächst einmal nur für mich«, sagt meine Frau: »Wenn ich mir eine Jeans für zweihundert Euro kaufe, dann sieht die zumindest jeder. Aber wenn ich mir Cremes für zweihundert Euro ins Gesicht schmiere, dann merke das nur ich.« Das verstehe ich, aber ich kapiere es nicht wirklich. Sie sagt: »Warum wir das machen? Weil wir es können! Weil es Spaß macht, weil man ein paar Minuten am Tag kreativ sein kann, weil man sich darüber freuen kann.«

Es bedarf keiner weiteren Erklärung, die Aussage »Weil ich es kann!« ist in Männerkreisen allgemein anerkannt als: keine weiteren Fragen. Ich habe verstanden.

Der Anteil meiner Produkte im Badezimmer erhöht sich auf zwanzig Prozent, was mein Sohn akzeptiert, weil er im Gegenzug eine Iron-Man-Figur neben der Badewanne platzieren darf. Er war natürlich am Ende wieder auf der Seite seiner Mutter, als die neuen Gebiete verteilt wurden. Dieser Verräter!

Ich glaube, dass meine Frau bei dieser Aufgabe mehr gelernt hat als ich. Zum Beispiel, warum ich immer ganz heiß auf sie bin, wenn sie verschwitzt vom Sport kommt. Oder morgens, wenn sie gerade aufgewacht ist. Oder wenn sie gelangweilt und im Jogginganzug herumliegt. Nein, jetzt kommt kein weichgespültes Weicheiwimmern von wegen, dass sie ohne Make-up noch viel attraktiver sei denn geschminkt. Das wäre gelogen, meine Frau sieht geschminkt wunderbar aus, und vor allem auf Partys will ich sie meistens einfach nur von der Tanzfläche ziehen.

Warum ich dennoch ganz aufgeregt werde, wenn sie ungeschminkt, verschwitzt und erschöpft ist? Weil es die Momente sind, in denen nur ich sie so sehen darf. Das hat was mit Revier und Trophäe zu tun. Sie wissen schon. Mit Männersachen. Besuchen Sie uns mal auf dem Mars, dann sehen Sie ganz schnell, wie das ist.

Kapitel 13

Schnäppchenjagd

Früher und dort, also in den 90er-Jahren im Nordosten Bayerns, da lief der Kauf einer Kaffeemaschine so ab: Man ging in das Geschäft, das schon immer da war, seit mindestens fünfhundert Jahren, man wählte aus fünf Varianten die beste bezahlbare Maschine aus und folgte dabei den Ratschlägen des kompetenten Verkäufers und womöglich eines Freundes, der vor ein paar Wochen im selben Geschäft ebenfalls aus fünf Varianten eine wählen musste. Wer hypermodern und gleichzeitig ein wenig spießig daherkommen wollte, der kaufte sich vorher ein Exemplar der *Stiftung Warentest*.

Ich wollte kürzlich eine Kaffeemaschine kaufen, ich wollte dafür in ein Geschäft gehen. Ja wirklich, ein Geschäft – natürlich nicht in das mit den fünf Geräten, das gab es zwar fünfhundert Jahre lang, aber seit ein paar Jahren ist es nicht mehr da. Ich wollte in ein großes Kaufhaus mit mindestens fünfzig verschiedenen Produkten. Das war mein Plan, den meine Frau nur mit einem Kopfschütteln quittierte. Es war kein böses Kopfschütteln, sondern eine dieser mitleidigen Bewegungen, mit denen sie einem mitteilen möchte, dass es für mich langsam an der Zeit wäre, diesen Wohnort hinter dem Mond zu verlassen.

Meine Frau betritt für solch banale Einkäufe schon seit Jahren kein Geschäft mehr. Natürlich flaniert sie gerne über den Abbot Kinney Boulevard in Venice Beach oder die Theatinerstraße in München, doch für Windeln, Kontaktlinsen und

Kaffeemaschinen steht sie noch nicht einmal mehr auf. Sie kauft virtuell ein – und noch viel mehr: Sie ist eine semiprofessionelle Schnäppchenjägerin.

So wie andere Menschen Tiere in virtuellen Farmen züchten oder wütende Vögel herumfliegen lassen, so ist es das Hobby meiner Frau, nach Möglichkeiten der Preisreduzierung zu fahnden. Einmal rechnete sie vor: »Wenn ich jetzt den E-Mail-Coupon nutze, mit der Karte eines anderen Geschäftes kombiniere und gleich sechs davon bestelle, dann wird es bis morgen früh geliefert, und wir sparen die Hälfte.«

Am nächsten Morgen lagen sechs Familienpackungen Toilettenpapier vor der Haustür, die ungefähr bis ins Jahr 2030 reichen würden und die beim Verstauen keinen Platz mehr für ein Auto in der Garage ließen.

Ich habe diese Jagd nach Schnäppchen nie verstanden und sie als Zeitverschwendung abgetan wie die Angewohnheit mancher Menschen, im Restaurant die Rechnung notarisch zu überprüfen. Kennt jeder, diese Menschen. Die schnappen nach dem Bon, als wären sie ein Piranha, der mit seinen Artgenossen um das Stück Fleisch wetteifert, das jemand ins Becken geworfen hat. Sie wollen jedoch nicht bezahlen, sondern nur jede einzelne Bestellung überprüfen. Das Zahlen überlassen sie dann den anderen, würden aber gerne die Rechnung für die Steuererklärung mitnehmen. Wenn es keinen stört, natürlich.

Mein Einwand war stets, dass die Ersparnis nicht lohnenswert sei: Wer ein Jahr lang, so meine Argumentation, jede Zeche in seine Einzelteile zerlegt und dafür jeweils nur eine Minute braucht, der benötigt dafür pro Jahr – je nach Geselligkeit – etwa hundertzwanzig Minuten. Wer dann fünf falsch abgerechnete Getränke findet, der bezahlt insgesamt etwa zwanzig Euro weniger und nennt das Verdienst.

Es gibt Menschen, die verdienen mehr, wenn sie in Schnellrestaurants Buletten wenden.

Meiner Frau mit einer derart rationalen und logischen Argumentation daherzukommen ist ungefähr so sinnvoll, als würde man versuchen, einem gläubigen Katholiken den Darwinismus zu erklären. Es geht ums Prinzip – und wenn es bei Frauen ums Prinzip geht, dann sind alle anderen Argumentationen wertlos. Wie wenn Männer mit der Aussage kommen: »Weil ich es kann.« Ein Beispiel: Wenn meine Frau Glückwunschkarten kauft, dann nutzt sie die Mengenrabatte und kauft gleich fünfzig Stück, obwohl sie nur zwanzig braucht. Deshalb haben wir nun Grußkarten für jeden Anlass – auch für Scheidungen, den dreiundvierzigsten Geburtstag eines Einbeinigen und den Umzug ins Altersheim bei Frührente.

Weil sie pro Karte einen Euro spart, hat sie ihrer Logik zufolge nun fünfzig Euro verdient. In meinem Weltbild hat sie jedoch mindestens dreißig nutzlose Karten gekauft, dafür noch immer jeweils drei Euro bezahlt und deshalb neunzig Euro zu viel ausgegeben. So ein Streit kann abendfüllend sein, glauben Sie mir. Sollten Sie nicht wissen, wer ihn letztendlich gewinnt, dann seien Ihnen hiermit die Streitdiagramme auf Seite 136/137 empfohlen.

Sie begründet die Schnäppchenjagd mit dem Langeweile-Sucht-Zyklus, den sie auf der Couch durchlebt. Die Sendung im Fernsehen ist nicht interessant, aber die Schauspielerin trägt tolle Schuhe. Sie sieht online nach, ob es die nicht irgendwo billig zu kaufen gibt. Dabei fällt ihr ein, dass sie noch Windeln und Linsenflüssigkeit kaufen wollte. Nebenbei werden Schuhe und das dazu passende Outfit vorsichtshalber mal in den Warenkorb gelegt – und ein paar Tage später unabsichtlich von mir bestellt. Ja, wirklich: Ich bestelle die Sachen meiner Frau und bin dann dafür verantwortlich! Das kennt jeder Mann, der denselben Computer nutzt wie seine Partnerin. Es gibt mittlerweile sogar einen Begriff für die Bestellerei: Drunk Priming.

Ich will wieder mehr Würze in unsere Abendbeschäftigung bringen. Ich bin nun wirklich kein virtueller Idiot, ich würde mich als interessierten Laien bezeichnen, der die Grundzüge des Internets verstanden hat, jedoch nicht jede neue App kennt und auch nicht in der Lage ist, die Seidenstraße zu befahren oder sich irgendwo einzuhacken. Internet-Mainstream halt, der nun dort einkaufen will.

Was ich jedoch erlebe, ist eine Kombination aus den Trompeten von Jericho, einem Ameisenhaufen und dem Stierlauf durch Pamplona. Wer sich bei diesen Couponseiten anmeldet, wird innerhalb von vierundzwanzig Stunden beschallt wie die Mauern dieser wunderbaren Stadt; mein Nervenkostüm jedenfalls befindet sich kurz vor dem Einstürzen. Ein Rabatt hier, noch einer da – und wer dort investiert, bekommt die Staatsbürgerschaft von Burundi obendrauf. Das alles mag einer Ordnung folgen und so choreografiert sein wie auf einem Ameisenhaufen, doch von außen sieht es einfach nur aus wie Chaos. Alle trampeln immer den neuesten Angeboten hinterher – wer zu langsam ist oder nicht aufpasst, der wird einfach über den Haufen gerannt.

Ich finde Gutscheine, die sind nur am Montag zwischen drei und vier Uhr gültig. Nachts. Die Kaffeemaschine wird billiger, wenn man drei davon kauft – was ich ebenso unsinnig finde wie die Möglichkeit, den Kauf einer Kaffeemaschine mit einem Mobiltelefon zu kombinieren. Es gibt sogar eine Kombi mit einer Pistole. Nur in den USA, aber immerhin. Kaffee und Knarren, muss man jetzt nicht unbedingt machen. Und es gibt Rabatte, wenn man sich um eine Kreditkarte bewirbt. Oder Mitglied bei einer Kaffeehauskette wird. Oder für zwölf Monate bei einem Fitnessstudio unterschreibt. Oder gleich vier Pistolen kauft.

Ich liege nachts im Bett und träume von Coupons. Früher habe ich von meiner Frau geträumt, manchmal vom Computerspiel *Minesweeper* oder von der reichen und berühmten Version von mir. Nun träume ich von Rabattmarken für eine Kaffeemaschine. Das ist so, als würde man eine Nahtoderfahrung haben und sich beim Dreisekundenfilm seines eigenen Lebens tierisch langweilen.

Ich habe keine Lust mehr. Ich kann das nicht. Ich habe dafür keine Nerven. Keine Zeit. Keine Energie. Ich habe sieben Stunden lang nach einer Kaffeemaschine gesucht, die größte Ersparnis ohne den Zukauf unnützer Dinge oder den Abschluss eines Bausparvertrages sind sieben Euro. Was für ein Unsinn! Shoppen im Internet. Rabatte. Zehn Prozent. Mit Handy. Wer braucht ein Handy? Kaffee. Selbstbrühend. Mit Fernbedienung. Für Handy und Kaffeemaschine. Was macht der Teufel hier? Und warum spielt er *Minesweeper*? Gegen Gott, der nebenher mit seiner Frau schläft. Die jedoch sucht im Internet nach Rabatten. Nein! Aaaaaaaaah …

»Wach auf!«

Hanni suspendiert mich vom Internet und schickt mich in eine Eisdiele, die es schon seit fünfhundert Jahren gibt, damit ich etwas kaufe. Von einem richtigen Menschen. Ohne Rabatt. Und ich soll mit Bargeld bezahlen.

Ach ja: Wir haben nun eine Kaffeemaschine. Dreißig Euro günstiger als im Geschäft, weil Hanni geforscht, ein paar Rabattmarken verwendet und mit anderen Einkäufen kombiniert hat. Ja, wir haben nun eine Kaffeemaschine – dazu exakt siebenhundert Filter und ungemahlenen Kaffee, der bis an mein Lebensende reichen könnte. Die Pakete liegen nun neben dem Klopapier in der Garage.

Kapitel 14

Die Sache mit den Schuhen

Es gibt da ein Phänomen, das ich nicht so ganz verstehe. Es heißt *Anti-Lookism* und beschäftigt sich damit, dass Menschen nicht mehr nach ihrem Aussehen beurteilt werden. Finde ich grundsätzlich eine prima Sache, schließlich habe ich aufgrund mangelnder Siegchancen noch nie an einem Schönheitswettbewerb teilgenommen. Ich habe allerdings aufgrund mangelnder Siegchancen auch noch nie an einem Handwerkerwettbewerb teilgenommen, doch kein Mensch käme auf die Idee, ein Ende der Beurteilung von Handwerkern nach ihren Fähigkeiten zu fordern.

Damit wir uns nicht falsch verstehen: Natürlich sollte es bei der Wahl eines geeigneten Kandidaten für einen Arbeitsplatz nicht darauf ankommen, ob der Bewerber attraktiv ist oder nicht – so wie es nicht darauf ankommen sollte, ob jemand ein Mann oder eine Frau ist, ob er an Gott glaubt oder an Allah oder an gar nichts. Da bin ich voll auf der Seite der Anti-Lookism-Leute. Aber deshalb gleich zu behaupten, dass Schönheitswettbewerbe Menschen diskriminieren würden, die dem gängigen Schönheitsideal nicht entsprächen, das finde ich dann doch ein bisschen übertrieben.

Ich fühle mich doch auch nicht diskriminiert, nur weil sämtliche Bundesligavereine der Ansicht sind, dass ich von der Natur nicht genügend Talent bekommen habe, um dem gängigen Kickerideal zu entsprechen. Ich bin der Meinung, dass bei einem Schönheitswettbewerb eine Leistung erbracht wird. Die besteht darin, gut auszusehen. Das mögen manche nun als »von der Natur bevorzugt« abtun, aber mein Gott: Die Teilnehmerinnen sind nun einmal in der ausgerufenen Disziplin besser als andere. So wie eben so mancher zweimal in der Schlange stand, in der die Natur das Ballgefühl im Fuß verteilte. Oder gar viermal wie etwa Lionel Messi.

Ich mag Experten. Ich schätze Menschen, die talentiert sind, die dieses Talent entdeckt und daran gefeilt haben – und nun gut sind in dem, was sie da tun. Was ich nicht mag: Menschen, die schlecht sind in dem, was sie tun. Aus welchem Grund auch immer. Ich mag keine Ärzte, die falsche Diagnosen stellen. Ich mag keine Journalisten, die keinen geraden Satz schreiben können. Ich mag keine Verkäufer, die nicht wissen, welche Waren sie in ihren Regalen feilbieten. Aber kein Mensch kommt auf die Idee, eine Anti-Stümperism-, eine Anti-Writerism- oder eine Anti-Inkompetenzism-Kampagne ins Leben zu rufen. Wäre ich sofort dabei bei so was. Gibt es aber nicht. Ich finde, jeder Mensch sollte in seinem Leben erst einmal herausfinden, was er überhaupt nicht kann – und dann diese Sache bleiben lassen. So könnten unglaublich viele Probleme der Menschheit gelöst werden, glauben Sie mir.

Aus diesem Grund mag ich Designer. Sie haben von der Natur einen herausragenden Geschmack bekommen, sie erkennen Trends oder setzen sie bestenfalls sogar, sie arbeiten hart an ihrem Talent. Ich bin jedes Mal verblüfft, wenn ich ein Geschäft betrete und sehe, was sich diese Menschen ausgedacht haben. Könnte ich nie. Ich fühle mich deshalb nicht diskriminiert, weil ich von der Natur überhaupt kein Talent für das Designen von Hemden oder Jacken bekommen habe. Diese Menschen sind halt besser, wenn es ums Entwerfen von Klamotten geht. Ich bin froh, dass ich das nicht machen muss.

Nur: Genau das muss ich jetzt tun. Ich soll Designer werden. Ich soll mich mit Schuhen beschäftigen, weil das anscheinend ein exklusiv weibliches Hobby ist und ein Mann so dem

Verständnis von Frauen näherkommt. Verstehe ich zwar nicht ganz, sehe es aber ein. Ich besitze – abgesehen von acht Paar für diverse Sportarten wie Fußball, Basketball und Tennis – insgesamt vierzehn Schuhe. Also sieben Paare. Drei Paar Sneakers mit Star-Wars- oder Beatles-Aufdruck, zwei Paar edlere Schuhe für festliche Anlässe, ein Paar für schlechtes Wetter und ein Paar für ganz schlechtes Wetter. Das war's. Und Flipflops für den Strand.

Alle meine Freundinnen in meinem Leben dagegen besaßen durchschnittlich achtundvierzig Paar Schuhe, ich habe das stets genau gezählt – jeder Mann hat so seine Macken, Schuhezählen ist meine. Auch meine Frau besitzt ungefähr viermal so viele Schuhe wie ich. Finde ich nicht schlimm. Ist nur eine Beobachtung. Wer mal nachzählt – glauben Sie mir, das kann Spaß machen –, der wird feststellen, dass ich damals im Durchschnitt lag.

Ich soll nun einen – so wird mir zumindest mitgeteilt – Frauentraum erleben und selbst Schuhe designen. Es gibt dafür Seiten wie *ShoeVita* oder *Shoes of Prey* oder *Jaimie Jacobs*. Mittlerweile haben aber auch Sportartikelhersteller wie Adidas und Nike den Individualisierungswahn für sich entdeckt und bieten den Kunden an, ein Unikat zu entwerfen. Schuhe. Nur für mich. Der Himmel auf Erden für Frauen. Denke ich.

Weil ich dringend Basketballschuhe brauche, wähle ich Nike aus und probiere es mit den *Jordan Dub Zero iD*. Bei der Oberschicht nehme ich *Dynamic Pearl* in Knallrot. Die Farbe behalte ich seitlich – wobei mir hinten dann doch auffällt, dass gerade die Option (rot mit schwarzer Lasche) nicht möglich ist. Es werden also keinesfalls komplett die Schuhe sein, die ich gerne hätte. Ich darf also nur ein eingeschränkter Designer sein und keiner, der seiner Fantasie freien Lauf lassen darf.

In die Innenseite kann ich mir eine persönliche Signatur sticken lassen – aber bitte nicht mehr als sechs Zeichen pro Schuh. Selbst Michael Jordan könnte nicht seinen kompletten Namen wählen. Egal. Ich kreiere einen wunderbaren Schuh, eine Mischung aus Schwarz und Rot. Ich kann jedoch keine Zusatzoptionen wählen wie Knöchelverstärker oder einen höheren Absatz. Eigentlich kann ich nur ein paar Farben wählen. Das ist ein bisschen wie die Kleidung der Figuren im Computerspiel *The Sims* erstellen.

Ich sehe mir den fertigen Schuh an – und werde stutzig. Ich habe unbewusst eine Nachbildung der *Air Maestro Pippen* entworfen. Sie wissen schon, diese tollen Sneakers, an die sich nur die Älteren von uns erinnern, die Scottie Pippen beim All-Star-Spiel 1994 anhatte. Die ich mir danach sofort bestellen musste, weil sie so anders waren. Hach, waren das wunderbare Schuhe. Hach, war ich ein cooler Typ im Alter von fünfzehn Jahren. Ich bekam zwar keine Freundin, aber ich hatte tolle Schuhe.

Ich habe damit jedoch genau das gemacht, wofür ich meine Frau ausgelacht habe. Die hat sich nämlich bei Shoes of Prey eigene Schuhe entworfen – und dabei ein Paar kreiert, das aussah wie die Manolo Blahniks von Carrie Bradshaw in *Sex and the City*. Ein bisschen anders, so viel Individualität muss dann doch sein, aber immer noch verblüffend ähnlich. Ich habe mich damals köstlich amüsiert – und mache nun das Gleiche!

Wir beide schwärmten von Schuhen, die wir mochten – wir wollten sie unbedingt haben. Wir wären selbst niemals auf die Idee gekommen, solche Schuhe zu entwerfen. Es war jeweils eine Hommage an den Designer, der diese verrückten Ideen hatte. Wir suchten monatelang im Internet, bis wir die Dinger endlich zu einem Preis gefunden hatten, den wir bezahlen konnten. Wir unterhielten uns mit unseren Freundinnen und Freunden über die Schönheit dieser wunderbaren Fußbekleidung. Wir freuten uns wie kleine Kinder, als die Schuhe endlich da waren. Wir zeigten sie stolz all unseren Bekannten.

Moment mal: Beide? Frauen und Männer sind gar nicht so

unterschiedlich, wenn es um Schuhe geht? Könnte es sein, dass all das Gerede von Mars und Venus vielleicht völliger Blödsinn ist? Dass Frauen und Männer überhaupt nicht so unterschiedlich sind? Sind wir uns womöglich sogar… ähnlich?

Ach herrje!

Kapitel 15

Auf einer Hochzeit

Da hängt es also, dieses schlechte Gewissen aus Stoff. Gereinigt und gebürstet, entstaubt und entfusselt. Es ist der Smoking, in dem ich einst am Altar auf meine Frau gewartet habe – die, und das sei hier wirklich nur am Rande erwähnt, damals zwanzig Minuten zu spät zur Kirche kam. Es ist Februar, im Juni soll ich auf der Hochzeit der besten Freundin meiner Frau in dieses Ding passen und dabei nicht aussehen wie eine Presswurst. Meine Mutter sagt, dass ein Mensch im Anzug immer ein bisschen aussieht wie James Bond. Das stimmt jedoch nicht, die meisten Männer sehen im Anzug immer ein bisschen aus wie Heinz Erhardt.

Ich soll eine Hochzeit wie eine Frau planen, das ist der Auftrag. Neben meinem Anzug hängt das Kleid meiner Frau, das sie gemeinsam mit dem (bis auf mich weiblichen) Komitee ausgewählt hat. Größe: S. Meine Frau ist gewiss kein Pottwal, ganz im Gegenteil, sie hat eine wunderbar weibliche Figur – und doch scheint mir »S« dann doch ein wenig zu optimistisch gewählt zu sein. Ich sage ihr das nicht, schließlich habe ich mittlerweile ein paar Sachen über Frauen gelernt. Dazu gehört: Nicht alles, was gesagt werden muss, muss auch gehört werden. Oder vereinfacht: einfach mal die Fresse halten. Außerdem habe ich gehört, dass es grundsätzlich unmöglich ist, dass ein Kleid nicht passt – es ist nur eine gut getimte Magengrippe vom perfekten Sitz entfernt.

Wir wollen beide ein paar Pfunde verlieren und uns in Form bringen, damit wir unser Ziel erreichen und in die jeweils gewählten Kleidungsstücke passen. Ich finde das ein bisschen unfair, denn meine Frau muss für ihr Ziel tatsächlich nur ein paar Pfunde verlieren, während bei mir eine Radikalkur oder ein Monat voller Magengrippen ansteht.

Bei der Hose fehlen sechs Zentimeter, damit der Knopf durch das Loch passt. Bei Weste und Jackett habe ich erst gar nicht versucht, sie zu schließen, das dürfte frühestens in fünf Zentimetern möglich sein. Beim Hemd fehlen am Bauch drei Zentimeter und an der Brust fünf Zentimeter, dazu spannt es an den Schultern. Ach ja: Ich habe einen derart dicken Hals bekommen, dass das Schließen des obersten Knopfes dafür sorgt, dass ich innerhalb von zehn Sekunden blau anlaufe. Entweder hat meine Frau all diese Sachen zu oft in den Trockner gegeben, oder in unserem Kleiderschrank wohnen kleine Tierchen, die Klamotten schrumpfen lassen. Ich kann doch unmöglich so, na ja, voluminös geworden sein.

Männer begegnen der steten Expansion ihres Körpers recht pragmatisch, indem sie gleiche Jeans in regelmäßigen Abständen immer eine Nummer größer kaufen – und natürlich hätte ich der Forderung der Freundin nachkommen können, meinen Körper zu vermessen, ihr die Ergebnisse zu schicken und mir für diese Veranstaltung wie alle anderen Gäste auch einen Smoking zu leihen. Das wäre die einfache Lösung gewesen, widerspricht jedoch Stolz und Ehrgeiz.

Durch meine Weigerung und die Ankündigung, in meinem Hochzeitsanzug auflaufen zu wollen, stelle ich natürlich eine Gefahr dar, eine Bedrohung, eine tickende Bombe. Oder eher: eine der etwa fünftausend tickenden Bomben, die im Vorfeld der Hochzeit auftauchen.

Die Teilnahme an der Planung einer Hochzeit kommt dem Durchqueren eines emotionalen Minenfeldes gleich. Das Schlimme daran ist, dass ein Mann keine Ahnung hat, wo sich diese Minen befinden und wie gefährlich sie wirklich sind. Bisweilen trete ich mit voller Kraft auf so ein Ding und bekomme lediglich einen gepflegten Anschiss; am nächsten Tag streife ich eine andere gerade mal hauchzart – und werde für drei Tage suspendiert. Ein anderes Mal stehe ich nur regungslos rum und atme aus – und werde sogleich von allen weiblichen Wesen für tot erklärt. Es herrschen Chaos und Anarchie, die jedoch einem vorher festgelegten und mir völlig unverständlichen Schema folgen, frei jeglicher Logik.

Die Planung einer Hochzeit aus Männersicht ist ein recht einfaches Unterfangen, weil nach dem Erhalten der Einladung eigentlich nur drei Fragen beantwortet werden müssen: 1) Wann ist die Hochzeit? 2) Wo ist die Hochzeit? 3) Was gibt's zum Essen? Es gibt noch Zusatzfragen zu 3), nämlich: 3a) Was, so wenig? 3b) Wo kann ich *Fleisch* ankreuzen? 3c) Wie, es gibt nur vegetarische Hauptgerichte?

Selbst meine eigene Hochzeit war zumindest für mich ein planerischer Kindergarten. Es gab ein paar vorher festgesetzte Parameter wie Budget (kein zweites Hochzeitskleid), Geschmack (keine Kleinstadt-Band) und persönliche Vorlieben (kein BMW als Brautauto) – damit war die Sache für mich erledigt. Komplikationen gab es nur beim Kauf meiner Kleidung, bei der mir meine beste Freundin half. Der Verkäufer echauffierte sich lediglich über meine Antwort (»Weiß, was denn sonst?«) auf die Frage nach der Farbe des Hochzeitskleides, um mein Hemd farblich darauf abstimmen zu können.

»Weiß? Weiß? Wie, weiß?« Dann sah er zum Himmel: »Sagt er wirklich weiß?« Dann sah er zu mir: »Weiß gibt es nicht!« Wieder zum Himmel: »Kommt der mir mit weiß!« Wieder zu mir: »Kommen Sie mir nicht mit weiß!« Ich musste meine Frau anrufen und nach der Farbe fragen. Sie sagte: »Weiß.« Das führte zu einem Schlaganfall beim Verkäufer, da er kaum verkraften konnte, dass meine Frau tatsächlich glaubte, ihr Hochzeitskleid sei weiß.

Er sagte dann, den Blick wieder zum Himmel gerichtet: »Diese Hochzeit wird eine Katastrophe.« Und zu mir: »Ihre

Hochzeit wird eine Katastrophe.« Zu meiner Freundin: »Sie wissen, dass diese Hochzeit eine Katastrophe wird.« Wir fanden dann jedoch die wahre Farbe des Kleides (Eierschale) heraus und konnten den armen Verkäufer beruhigen, sodass er am Ende behauptete, dass meine Hochzeit »schrecklich« werden würde, wenn ich mir nicht sofort mehr Mühe gäbe. Ich gab mir mehr Mühe, er sprach bei der Verabschiedung nicht mehr von einer Katastrophe und auch nicht mehr von einer schrecklichen, sondern nur noch von einer grotesken Hochzeit.

Ansonsten übergab ich die Planung meiner Hochzeit komplett meiner Frau und hielt das für eine blendende Idee. Ich dachte, sie kann sich so richtig austoben und die Hochzeit genau so gestalten, wie sie es gerne hätte – ohne dass ihr jemand dauernd dazwischenquatscht mit dem Hinweis, dass er unbedingt ein Steak haben möchte und dass auch eine Karaoke-Maschine eine gar prächtige Idee sein könnte. Erst viel später sagte meine Frau: »Es wäre schön gewesen, wenn du mehr involviert gewesen wärst – du hättest mich zwar genervt ohne Ende, aber das wäre gar nicht so schlecht gewesen.«

Nun also bin ich dabei im Planungskomitee dieser Feierlichkeit, ich bin eingeladen zu den Gesprächen der Brautjungfern – die sich in drei verschiedenen Ländern befinden und deshalb über *WhatsApp* kommunizieren. Ich bin im Chat eingeklinkt, ich darf lesen und darf auch Fragen stellen. Was ich nicht darf: eigene Vorschläge machen oder mich gar als Stimme der Vernunft präsentieren. Ich bin nur geduldet, nicht erwünscht.

Frauen gehen mit chirurgischer Präzision an so eine Hochzeit heran, es hat ein bisschen was von Planwirtschaft und Diktatur, also Olympia 2008 in Peking. Die Recherchen sind wie die eines investigativen Journalisten auf der Suche nach einem Steuerskandal, nur dass unsere Freundin und ihre Kolleginnen nicht in Akten und E-Mails forschen, sondern in sozialen Netzwerken.

All diese Plattformen sind meiner Meinung nach nur deshalb derart erfolgreich, weil es kollektive Neiderreger sind. Männer zumindest posten bei Facebook nicht für Familie und Freunde, sondern um ihre Exfreundin eifersüchtig zu machen. Natürlich behaupten die drei Schwestern, stundenlanges Instagram- und Pinterest-Surfen diene lediglich der Inspiration. Das ist jedoch Quatsch, wie meine Frau nach einiger Zeit selbst gesteht. Es geht um Ideen, es geht aber auch um Neid. Dieses Gefühl, etwas unbedingt haben zu wollen, nur weil es jemand anders auch hat.

Früher, da ging es bei Hochzeiten darum, dass zwei Menschen verbunden werden, aus welchen Gründen auch immer; Liebe spielt dabei ja – nimmt man die komplette Menschheitsgeschichte als Maßstab – erst seit Kurzem eine Rolle. An einem Tag waren sie nicht verheiratet, einen Tag später waren sie es. Wie bei einem Kasino, das gestern geschlossen war und nun geöffnet ist. Doch wie Soft Openings bei Kasinos gibt es nun die Junggesell(inn)enabschiede, die *Bridal Shower*, das Anprobieren des Kleides, die Hochzeitswoche, die standesamtliche Trauung, die zweite (manchmal, aber nicht notwendigerweise religiös angehauchte) Hochzeit.

Es gibt deshalb viel zu tun – vor allem für jene, die organisieren müssen. Debattiert haben in diesem Fall die Braut, meine Frau, meine Schwägerinnen Kerstin und Erika sowie die Freundinnen Lizzy und Maria. Es gibt Protokolle von mehr als vier Monaten Chat, die ich gerne jedem Mann zusende, der den Wahnsinn von Frauen bei Vermählungen verstehen möchte – wobei ich glaube, dass jeder Mann ahnt, worum es geht.

Hier sind meine drei Höhepunkte der weiblichen Hochzeitsplanung zur Vermählung meiner Schwägerin.

1) Schuhfarben-*Tabu*

Bei Hochzeiten gibt die Braut eine Farbe vor – und selbst ich habe mittlerweile kapiert, dass »Weiß« oder »Rot« oder »Lila« nicht akzeptabel ist, sondern es einer Spezifizierung bedarf.

Dann kauft sich jede Brautjungfer ein Kleid, auf der Hochzeit wird komplimentiert und später hinter dem Rücken gelästert. Ganz nebenbei gibt es einen Wettbewerb, wer die größte Zeitspanne unfallfrei in den höchstmöglichen High Heels laufen kann.

Zunächst einmal dreht sich der Chat jedoch darum, wie aufgeregt alle sind, wie sehr sich alle freuen und dass diese Brautjungfern sowieso die besten auf der ganzen Welt sind. Eine erwähnt nebenbei, dass sie gerne Schuhe in der Farbe *Nude* tragen würde. Sie wird nicht beachtet, denn zunächst einmal geht es um Bilder von Hochzeiten, auf denen die Kleider der Brautjungfern nicht aufeinander abgestimmt sind. Hässlich, klar, so was darf keinesfalls passieren. Ein bisschen lästern, ein bisschen Aufregung, ein bisschen Hybris, alles im normalen Bereich.

Nur die Frage nach dem Nacktheitsgrad der Schuhe bleibt unbeantwortet.

Es wird ohne große Abstimmung beschlossen, dass alle Brautjungfern das gleiche Kleid tragen werden. Nur: Die eine würde gerne Träger haben, die andere nicht, die eine will es länger, und die Letzte hat Angst, bei gleicher Kleiderwahl wie »Erika in fett« auszusehen. Macht aber alles nichts; mit einer kurzen Frage, ob denn auch alle noch aufgeregt sind, wird ein Eklat verhindert. Die Farbe des Kleides ist auch geklärt, sie wird von der Braut als *Ice Blue* festgelegt. Nicht *Glacier Blue*, nicht *Polar Ice*, nicht *Polar Sky*, auch nicht *Grandma's Sweater* (im Farbspektrum übrigens gar nicht mal so weit entfernt von *Ice Blue*, so wie übrigens auch *Morning Glory* und *Picture Perfect*).

Ich hatte keine Ahnung, wie viele verschiedene Kleider auf der Welt es in der Farbe *Ice Blue* gibt. Es müssen mindestens so viele sein, wie es Männer-T-Shirts in Schwarz gibt.

Lizzy erwähnt noch kurz die Geburt eines Kalbes auf ihrem Bauernhof, während Erika noch einmal vorsichtig nachfragt, wie das denn nun sei mit den Schuhen und dem *Nude*. Sie hat keine Chance, weil so ein Babykalb für Spontanovulationen sorgt.

Plötzlich, als hätte Gott selbst es heimlich bestimmt, haben sich alle auf das Kleid ohne Träger geeinigt. Einfach so. Ohne Diskussion. Alle haben das Gleiche bestellt, ohne noch einmal darüber diskutiert zu haben. Ich schüttle verzweifelt den Kopf, so wie jeder Mann immer verzweifelt den Kopf schüttelt, wenn er gegen Frauen bei *Tabu* antritt. Das kann doch nicht sein, dass die eine sagt: »Nicht weiß!« Und die andere darauf antwortet: »Gelb!« Und die Erste: »Richtig!«

Deshalb geht es sogleich um die Höhe der Absätze (die Kleinste fordert zwölf Zentimeter, woraufhin sie von der Größten für geisteskrank erklärt wird) – und die Farbe der Absätze. Man einigt sich schnell auf *Schwarz* (also *Universal Black*); die erneute Frage von Erika nach der Farbe der Schuhe überhaupt will wieder keiner beantworten. Dafür wird sie verspottet ob ihrer Fähigkeit, auf Leitungen nicht nur zu stehen, sondern gerne auch mal wie ein buddhistischer Mönch darauf zu verweilen.

Ein Beispiel? Kerstin schickt ein Foto, auf dem eine Frau ein Erdbeertörtchen auf dem Kopf trägt: »Ich habe gerade eure Kopfbedeckung gefunden.« Erikas Antwort: »Echt jetzt?« Der Groschen hängt bei ihr ziemlich in der Luft. »Natürlich. Und du hast immer einen Snack dabei.« Erika: »Was? Ist das dein Ernst?« Der Groschen schwebt immer noch in luftiger Höhe. Kerstin: »Natürlich!« Erika: »Okay, dann gefällt mir das auch.« Der Groschen will einfach nicht fallen – auch deshalb, weil Erika die wichtigste Regel der Planung befolgt: Die Braut darf alles.

Es geht um die Farbe der Blumen (*Snow White*), um das Anpassen der bestellten Kleider (jede Form der Panik wird mit einem »Gott, sind wir aufgeregt – ist das nicht toll?« bekämpft) und darum, wer eigentlich die Tollste sein wird. Es ist jedoch kein Gegockele wie bei Männern, sondern ein Wettbewerb in Selbstuntergrabung. Jede erklärt die andere für netter und attraktiver und wunderbarer – erst am Ende gibt es den Hinweis, dass alle nett und attraktiv und wunderbar sind. Aber nicht so wunderbar wie das kleine Blumenkind, das dieses prächtige Kleid anziehen darf. Deshalb wollen nun plötzlich alle Blumenkinder sein.

Ich will einwerfen: Ihr Lieben, ihr habt die Farbe der Schuhe nicht geklärt. Aber ich darf nicht. Erika fragt einen Tag später noch mal nach *Nude*, ist dann aber auch ruhig.

Es geht um die erforderliche Größe des Büstenhalters, um in das Kleid zu passen. Es geht um die Frechheit des deutschen Zolls, der bei einer Lieferung für die Braut siebenundzwanzig Euro verlangt. Es geht um die Kopfbedeckungen, um eine Variante bei Kälte, um die Beschaffenheit des Tanzbodens. Um die Dauer dringend notwendiger Änderungen und die Helligkeit bei den Gruppenfotos.

Zwei Tage vor der Hochzeit halte ich es nicht mehr aus, ich breche die Regeln und sage zu meiner Frau: »Herrgott, ihr müsst euch noch auf die Farbe der Schuhe einigen!«

Meine Frau rollt mit den Augen: »Haben wir doch schon lange getan. *Nude*. Es gab nur das Problem, dass Maria diese flachen Schuhe hat, weil sie die ja auf der Hochzeit von Kathrin angehabt hat – und sie dachte, die wären *Nude*. Sind sie aber nicht. Sie sind *Champagner*. Hat sie bemerkt und deshalb welche in *Nude* gekauft. Schon lange. Sag mal, du liest diese Chats nicht, oder?«

Ich melde mich ab von diesem Chat, so wie ich mich seit dem 27. Dezember 1998 weigere, mit Frauen *Tabu* zu spielen. Damals sagte meine Zivildienst-Vorgesetzte auf den ersten Hinweis (»Mensch«) ihrer Kollegin: »Albert Einstein« – und lag richtig. Man muss als Mann auch mal einsehen, wann man nicht gewinnen kann.

2) Die Rettung der Bar

Es passiert am Tag vor der Hochzeit. Die Freundin wird ihrem Spitznamen (»Pitbull«) zu meiner Verwunderung nicht gerecht, vierundzwanzig Stunden vor ihrer eigenen Vermählung verhält sie sich wie ein sanfter Schoßhund. Klar gibt es kleine Aussetzer wie etwa jenen, dass plötzlich die Wahl von Hortensien wegen der Hitze im Zelt töricht gewesen sei und diese Blumen nun innerhalb weniger Stunden verwelken könnten. Und natürlich den Herzinfarkt, als der Zeltbetreiber anruft, einen Fehler in seiner Buchhaltung gesteht und ankündigt, leider ein Zelt mit anderen Maßen zu liefern. Der gute Mann ist nun taub. Und weint wahrscheinlich noch immer. Oder beides.

Es ist ein herrliches Zelt, wunderbar eingerichtet, die Anwesenden klopfen sich auf die Schulter – bis auf die Mutter der Braut. Eine Lady gewöhnlich, eine stets höfliche und zuvorkommende Frau, die Braut und Bräutigam über alles liebt und an der Planung der Hochzeit intensiv beteiligt war.

»Oh mein Gott, das ist schrecklich. Ein Desaster. Eine Tragödie!« Alle gucken verwundert, doch sie wirft sich theatralisch und tränenreich auf die Bar und deutet auf den Zapfhahn. Ja, auf einen Zapfhahn – das Ding, aus dem einen Tag später Bier fließen soll.

»Oh mein Gott. Was wird meine Tante sagen? Meine Schwiegermutter? Sie alle werden mit dem Finger auf mich zeigen und behaupten, dass ich das zugelassen habe. Ich ganz allein.« Noch immer weiß niemand so recht, worum es geht. Das erklärt sie nun: Die Bar sei hässlich, sie passe nicht zum Rest des Zeltes – vor allem aber sei der Zapfhahn: »Silber! Silber! Silber! Das halte ich nicht aus.« Sie wirft sich nochmals auf die Bar und fordert ein Verschieben der Hochzeit.

Meine Reaktion wäre: »Nun regt euch mal nicht auf. Sieht gut aus – und ganz ehrlich: Kein Mensch sorgt sich bei einer Hochzeit darum, wie die Bar aussieht. Wichtig ist, was in dieser Bar serviert wird.« Aber ich darf ja nichts sagen. Und das ist gut so. Wie so oft gilt für einen Mann in dieser Situation: einfach mal die Fresse halten. Die Hochzeit wird nicht verschoben, es gibt jedoch tatsächlich Überlegungen im Planungskomitee, das komplette Zelt umzubauen und auch die Bar umzugestalten. Weil das nicht geht, gibt es erst einmal Gurkensandwiches und Champagner für die Brautmutter.

Dann holen meine Frau und die Mutter der Braut mehrere Stoffwimpel in der Farbe *Snow White* – fragen Sie mich bitte nicht, warum es irgendwo auf der Welt ein auf Stoffwimpel spezialisiertes Geschäft gibt, das diese Farbe im Sortiment hat. Gemeinsam hüllen sie die angeblich hässliche Bar in Stoffwimpel und Stoffbahnen, der Zapfhahn verschwindet hinter einem Bouquet aus Hortensien (die nicht verwelkt sind), und auf dem Tresen landen ein paar getrocknete Blütenblätter.

Später, auf der Hochzeit, deutlich nach Mitternacht, da höre ich zufällig ein Gespräch der Brautmutter mit ihrer besten Freundin. »Hach«, sagt sie, »ich muss dir noch erzählen, wie ich gestern diese Hochzeit gerettet habe …«

3) Das Wunder

Es ist Zeit für ein Geständnis. Vielleicht hat sich schon jemand gefragt, was denn nun aus dem Anzug vom Beginn des Kapitels geworden ist. Natürlich habe ich mich geweigert, ihn jemals zu probieren – in der Gewissheit, meine Diät erfolgreich gestalten zu können. Ich habe tatsächlich abgenommen und fühle mich fit. Mir kam nur ein kleiner Hexenschuss dazwischen, aber sonst ist alles in Ordnung. Die Hose lässt sich schließen, die Knöpfe des Hemdes auch, die Atemnot ist auf erträglichem und vor allem nicht mehr lebensgefährlichem Level. Weste und Jackett sitzen zwar nicht, aber sie sind dran. Ich sehe nicht aus wie James Bond, aber auch nicht wie Heinz Erhardt.

So stehe ich nun, zwei Tage vor der Hochzeit, vor meinem Spiegel. Nun setzt bei mir die Panik ein. Ich bin mir ziemlich sicher, dass die Hose bei der ersten unvorsichtigen Bewegung einfach platzen wird. Ich erwäge kurz eine Flucht, doch wohin? Ich suche im Internet nach einem Bekleidungsgeschäft – es werden in dieser Gegend ganz viele Stoffwimpel verkauft, aber offensichtlich kein einziger Anzug.

Ich lerne jedoch, weniger als sechsunddreißig Stunden vor

der Hochzeit, was es tatsächlich bedeutet, als Frau eine Hochzeit zu planen: Die beste Freundin meiner Frau überreicht mir einen Frack. Komplett mit Hemd und Weste, mit Fliege und Einstecktuch in *Ice Blue*. Dazu Socken in *Nude* zu schwarzen Schuhen. Alles passt perfekt. Woher sie das wusste, als sie ihn bereits vor vier Monaten mit diesen Maßen bestellt hat? Das ist eines der vielen Dinge, die wir Männer niemals verstehen werden.

Kapitel 16

Lästern lernen

Irgendwann, in dreihundert Jahren vielleicht, da werden Aliens in prächtigen Raumschiffen auf der Erde landen. Sie werden keine Menschen finden, denn die haben sich bis dahin längst gegenseitig vernichtet oder sind abgehauen. Die Außerirdischen – ich stelle sie mir immer eher vor wie E.T. und weniger wie die feindseligen Gestalten aus *Independence Day* – werden dann ein paar Datenträger finden, die an einem geheimen Ort vergraben sind. Der Mensch hat ja, seit es ihn gibt, immer irgendwas vergraben und dann andere Menschen mit Schatzkarten danach suchen lassen.

Für die Außerirdischen gibt es USB-Sticks mit Informationen drauf, die unsere Geschichte erzählen und das Verhalten von Menschen erklären sollen. Wie auf den goldenen Datenplatten, die am Raumschiff Voyager als Botschaft an Außerirdische angebracht sind. Darauf wurden etwa Grüße in fünfundfünfzig Sprachen gespeichert (der deutsche lautet übrigens »Herzliche Grüße an alle«), dann verschiedene Geräusche wie die von Fröschen, aber auch Morsezeichen und ein Kuss. Dann sind Lieder zu hören, Kompositionen von Bach und Beethoven, aber auch »Dark Was the Night, Cold Was the Ground« von Blind Willie Johnson. Am Ende noch hundertsechzehn Bilder, etwa vom Start einer Rakete, von der Rushhour in Indien oder einer Frau, die gerade ein Kind bekommt.

Die Aliens dürften ziemlich begeistert sein über diese Kollektion der Menschlichkeit, weil wir Menschen es doch zu was gebracht haben in der kurzen Zeit, in der wir auf diesem Planeten waren. Da werden sie ganz schön mit der Zunge schnalzen, die Außerirdischen, sofern sie eine Zunge haben.

Sie werden sich aber auch wundern, diese lieben Außerirdischen, warum die Menschen sich gegenseitig nicht besonders haben leiden können. Sie haben ja andauernd gestritten, ob sie nun aus anderen Nationen kamen oder einen anderen Fußballverein mochten oder einfach nur einem anderen Geschlecht angehörten. Und dann werden die Aliens bemerken, dass sich die Menschen oft nur deshalb die Köpfe eingeschlagen haben, weil sie nicht miteinander geredet haben, sondern immer übereinander.

Die Aliens werden dann ihre Köpfe schütteln und sagen: Das waren schon komische Viecher, diese Menschen. Da erschaffen sie solch wunderbare Dinge wie das Taj Mahal, das grüne Versace-Kleid von Jennifer Lopez oder die Fender Stratocaster – und dann machen sie alles wieder kaputt, weil sie stets übereinander lästern müssen.

Vielleicht entdecken sie auch die Aufzeichnung eines gar nicht mal so üblen Menschen, der gerne das Richtige denkt und das Falsche tut. Der gerade über eine Wiese wackelt und überlegt, wie er das denn nun am besten anstellen könnte, dieses Lästern. Wie er denn nun Frauen verstehen könnte, indem er mit anderen über diese Hochzeit lästert, die er mitgeplant hat, für die er eine Diät vergeigt hat und dennoch einen perfekt sitzenden Frack trägt.

Dieser Mensch bin ich – und ich will zur Rettung meiner Beliebtheit sogleich feststellen, dass ich überhaupt nichts gegen diese Hochzeit habe. Die Braut sieht hinreißend aus und ist in der Attraktivitätsliste aller Frauen, die ich jemals live gesehen habe, die übrigens von meiner Frau mit recht deutlichem Abstand angeführt wird, eindeutig in den Top Ten zu finden. Ich mag sogar den Bräutigam, er ist wie der Bruder, den ich nie hatte. Ich habe einen Bruder, aber der ist eher wie der Onkel, den ich nie hatte. Meine Frau ist glücklich, meine Schwägerinnen (beide übrigens auch in den Top Ten) sind ebenfalls glücklich und produzieren mit meinem Sohn Seifenblasen.

Mein mir selbst auferlegtes Grummeln ist egoistisch, ich kämpfe mit drei Problemen: 1) Heute ist nicht nur Hochzeit, sondern auch mein fünfunddreißigster Geburtstag – von dem ich seit Jahren ankündige, ihn mit meinen besten Freunden in Las Vegas feiern zu wollen. Darf ich aber nicht. Ich muss hier sein. 2) Es ist gerade Fußballweltmeisterschaft, am Abend spielt Deutschland gegen Ghana, das will ich sehen. Darf ich aber nicht. 3) Ich befinde mich auf einer Hochzeit – was bedeutet, dass sich für meine ersten beiden Probleme niemand interessiert.

Ich will lästern. Das ist in diesem Fall nicht so einfach, weil ich nur lästern kann wie ein Mann. Ja, wir Männer lästern auch. Sehr viel sogar. Nur anders. Wenn Männer lästern, dann geht es meist darum, sich selbst besser zu fühlen, indem ein anderer schlechtgemacht wird. Der Konkurrent im Fußballverein etwa, wegen dem man auf der Ersatzbank sitzt. Der Kollege im Büro, mit dem man um die Beförderung ficht. Der Nebenbuhler. Wer den anderen schlechtermacht, so der männliche Gedanke, wird selbst ein bisschen besser.

Ich will aber lästern wie eine Frau. Ich finde, dass genau jetzt der richtige Zeitpunkt dafür gekommen ist.

Ich beginne mit einem Tipp, den ich von meiner Frau bekommen habe: »Lästern ist bei Frauen ein wichtiges Werkzeug der Sozialisierung. Wir lästern gar nicht unbedingt, um über andere herzuziehen. Es geht vielmehr darum, die Freunde zu unterhalten und sich selbst interessant zu machen.« Okay, das kann ich. Ich schnappe mir einen Hochzeitsgast, von dem ich weiß, dass er ein glühender Anhänger des runden Leders ist – und kombiniere den ersten Tipp mit einem zweiten: »Ein wichtiger Aspekt beim Lästern ist die Erschaffung eines gemeinsamen Feindes. Eine Schulklasse empört sich gemeinsam über den fiesen Mathelehrer und stärkt so das Zusammengehörigkeitsgefühl und schafft Verbündete.«

Ich unterhalte meinen Freund zunächst einmal mit Anekdoten über die deutschen Nationalspieler, die ich von Kollegen so erfahren habe. »Man selbst wirkt plötzlich aufregend und interessant, die Aufmerksamkeit der Zuhörer ist einem sicher«, sagt meine Frau. »Wer will nicht wissen, dass die hübsche Sekretärin gar nicht von ihrem Freund, sondern vom Chef geschwängert wurde.« Also: Ein paar Details aus dem Leben von Nationalspielern, kleine Gerüchte, ein paar Skandälchen. Mein Freund lauscht gebannt – ich bin also interessant.

Dann schwenke ich um auf die Briten. Ja, diese Briten, deren Fußballer ja mal wieder bei einer WM scheitern werden. Gemeinsames Gelächter. Ich sehe, die Wellenlänge ist gleich, nun kann ich geschickt einfließen lassen, dass uns tatsächlich verboten werden soll, dieses wichtige WM-Spiel anzusehen. »Was?«, empört sich mein Kollege. »Das ist ein Skandal. Wo ist denn hier ein Fernseher? Ich dachte, die haben hier einen Fernseher! Also wirklich, ich sage gleich den anderen Bescheid! Das geht so nicht!«

Ich liebe es, wenn eine Lästerei funktioniert.

Ein paar Minuten später hat sich eine kleine Männergruppe hinter einem Baum versammelt. Meine Frau sagte, dass es sich in einer kleinen Gemeinschaft leichter lästern ließe als in einem großen Haufen – und dass Mitleid mit dem betroffenen Erzähler dabei eine große Rolle spielen würde. Wenn der inkompetente Kollege die Gehaltserhöhung bekommt, wenn der Trainer einen anderen bevorzugt, wenn die neue Freundin des Exfreundes offensichtlich gekaufte Brüste hat. Wer leidet, der darf lästern.

Ich spiele also die Mitleidskarte aus und berichte von der verpassten Las-Vegas-Reise. Ganz nebenbei erwähne ich, dass ich dazu gezwungen wurde, trotz eines Hexenschusses diese feinen Schuhe zu tragen, in denen ich nun über den Rasen wackle und in Kombination mit meinem feinen Frack aussehe wie James in *Dinner For One* nach dem Hauptgang.

Ich ernte Verständnis, doch ins Lästern will niemand einstimmen. Ich bin ein bisschen enttäuscht und erwähne nach einem tiefen Seufzer noch mal die Dringlichkeit des Fußballguckens an diesem Abend. Die Partie würde zwischen Hauptspeise und Dessert beginnen, was eine kurzzeitige Absenz rechtfertigen sollte; die zweite Halbzeit würde mit der Eröffnung der Tanzfläche zusammenfallen – also ein triftiger Grund für Männer, sich zu verziehen. Ein Bekannter hat bereits einen Fernseher im Haus entdeckt.

Wenn die Außerirdischen mich gerade betrachten, dann werden sie vielleicht denken, dass es sich bei mir um ein äußerst liederliches Exemplar eines männlichen Menschleins handelt – aber sie dürften anerkennen, dass ich durch meine Lästerei fein raus bin. Ich habe Verbündete gefunden, die einen Fernseher aufgespürt haben und mich zum Gucken einladen. Sie haben mir sogar versprochen, mich aufgrund meines Geburtstages und aufgrund der Rückenschmerzen mit Bier zu versorgen. Hach, das Lästerleben ist ein schönes.

Es ist Zeit fürs Dessert, noch zehn Minuten bis Spielbeginn. Alles in Ordnung. Da steht der Bräutigam auf und hält eine Rede – über sich, über seine Braut, über die Schwiegereltern. Ich komme auch vor. Ja, ich, der extra auf seine Geburtstagsfeier verzichtet, um nun diese Hochzeit zu feiern und der sogar versprochen hat, das Fußballspiel nicht zu gucken. Was für ein wunderbarer Mensch ich doch sei und dass nun alle Hochzeitsgäste auf mich anstoßen sollen. Also wird angestoßen und getrunken. Auf Jürgen.

Karma ist eine ganz miese Sache.

Es kommt noch schlimmer: Ich bekomme ein eigenes Dessert – einen von meiner Frau und beiden Schwägerinnen handgefertigten Cupcake mit meinem Lieblingsfrosting und einer Darth-Vader-Figur drauf. Überreicht von den drei wunderbaren Schwestern mit einem Dreifachkuss und dem erneuten Hinweis, was für ein toller Kerl ich doch sei. Die jüngere Schwägerin hat mir übrigens im Auftrag meiner Frau Turnschuhe besorgt und sagt, ich solle wegen meiner Rückenschmerzen doch endlich diese engen Schuhe ausziehen.

Karma ist ein ganz mieses Stück.

Und dann kommt auch noch der Verlobte der Trauzeugin zu mir. Ein köstlicher Brite mit britischem Humor und britischer Leber. Er heißt Charlie, er macht noch ein paar Witze über die englische Nationalelf und erklärt mit diesem herrlich britischen Sarkasmus, wie schrecklich die Burschen mit den drei Löwen auf der Brust doch spielen und am Ende natürlich scheitern würden. Er halte deshalb zu den Deutschen. Toller Fußball, sagt er. Herz und Leidenschaft, sagt er. Immer fair, sagt er. Lass uns auf die deutsche Elf trinken, sagt er.

Ich trinke mit Charlie, ich scherze mit ihm über unsere jeweiligen Frauen, wir schmieden Pläne für meinen sechsunddreißigsten Geburtstag in Las Vegas. Wir spielen dem Bräutigam ein paar juvenile Streiche, hin und wieder schaut meine Frau vorbei und wundert sich, wo ihr Ehemann hin sei und wer dieser prächtig gelaunte Kerl da neben Charlie ist. Es ist ein Abend, den ich definitiv in meine Party-Top-Ten aufnehmen werde.

Moment mal: Findet da nicht gerade ein Fußballspiel statt? Keine Ahnung!

Am Ende des Abends stehe ich mit Charlie an der Bar. Es ist dieser Moment, in dem Männer nichts mehr sagen müssen, sondern betrunken genug sind, per Gestik und Mimik zu kommunizieren. Es ist alles in Ordnung. Meine Frau lacht, mein Sohn ist längst im Bett, meine beiden Schwägerinnen sind glücklich. Charlie und ich nicken und prosten und trinken.

Ich bin glücklich, obwohl ich meinen eigenen Geburtstag und auch das Fußballspiel verpasst habe – und muss an die wichtigste Regel meiner Frau über das Lästern denken, die man unbedingt auch auf der Datenplatte an die Außerirdischen speichern sollte: »Niemand wird besser, indem er einen anderen schlechtermacht.«

Kapitel 17

Streiten wie eine Frau

Es ist der Moment, vor dem ich mich exakt sieben Monate lang gedrückt habe – so wie jeder Mann ein Leben lang versucht, vor diesem Moment zu flüchten. Nein, nicht vor der Hochzeit – das hier ist kein Buch gewordener Altherrenwitz. Es gibt eine Sache, die Männer so fürchten wie sonst nur eine Blamage vor Freunden, einen zu kleinen Penis oder dass der Vorherige die aktuelle Freundin mehr erfreut hat: Männer fürchten kaum etwas mehr als einen Streit mit Frauen. Warum? Weil sie nicht gewinnen können – und Frauen das wissen.

Ich soll nun lernen, wie Frauen streiten – was ich prima finde, weil ich so erfahre, wie sich das anfühlt: einen Streit gewinnen.

Ich habe Frauen- und Männerzeitschriften durchwälzt, das Internet nach Informationen durchforstet und Beziehungsratgeber gelesen. Vor allem aber habe ich mich mit dem Psychologen John Williams unterhalten: Er entwirft Fragebögen für psychologische Tests. Er arbeitet den ganzen Tag daran, wie man welche Frage formuliert, um herauszufinden, ob ein Mensch noch alle Tassen im Schrank hat, ob er seine Frau betrügt oder ob er ein Problem mit seinem Vater hat. Er hat mir geholfen, indem er mir erlaubt hat, all seine Partnerschaftsfragebögen durchzulesen und die Antworten zu analysieren.

Danach haben wir gemeinsam ein Diagramm erstellt, wie sich Männer bei einem Streit mit einer Frau verhalten.

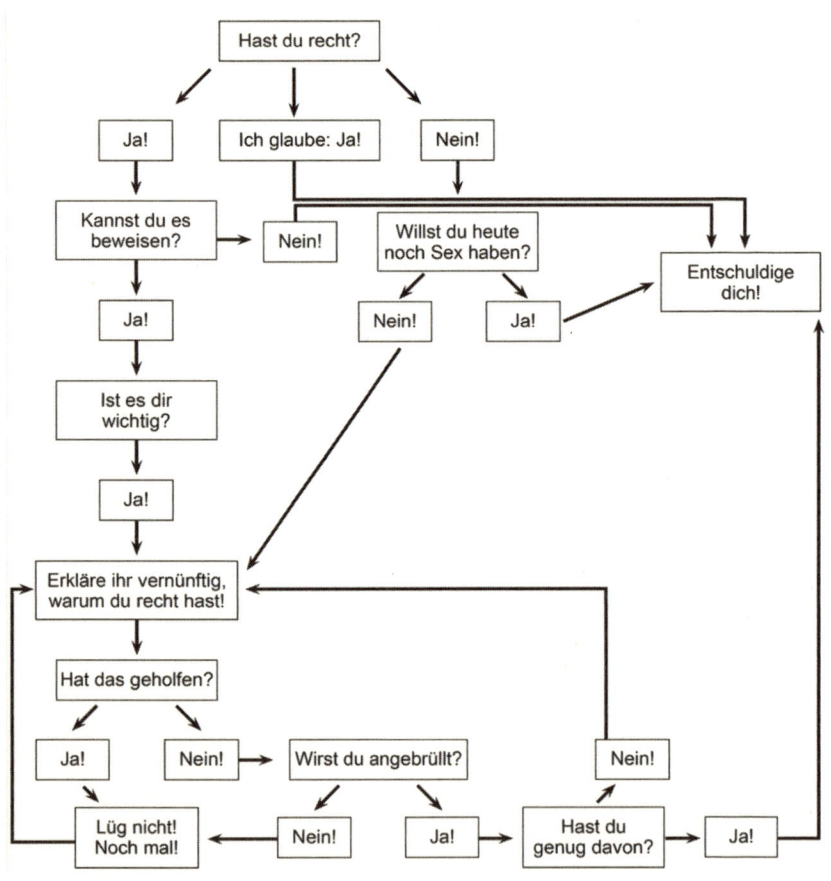

Und so verhalten sich Frauen:

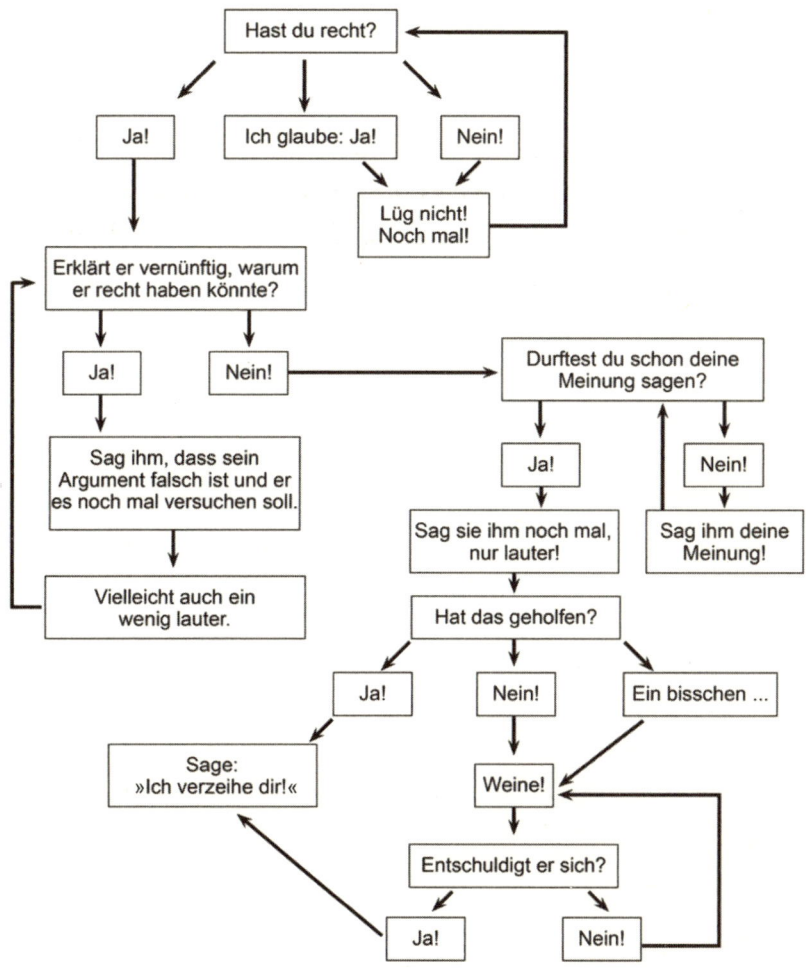

Es ist wichtig, beide Verhaltensweisen zu kennen, weil man sie sich bei einem Streit unbedingt zunutze machen sollte. Wer einen Streit gewinnen will, der muss sich verhalten wie eine Frau.

Meine Gelegenheit bietet sich beim Basketball im Fitnessstudio, als der Ball wie in Zeitlupe auf den Boden platscht, den Schuh meines Gegenspielers berührt und von dort aus ins Aus kullert. Ich habe es gesehen, ein Mitspieler hat das gesehen, ein Gegenspieler hat das gesehen – nur der Mensch, der den Schuh trägt, der hat es anders gesehen. Zumindest behauptet er das.

Er liegt jedoch falsch. Ich weiß das. Ich bin so was von im Recht.

Die Basketballhalle eines Fitnessstudios ist ein Ort der permanenten Schwanzvergleiche, ein Tempel des Trash Talk. Die kreative Beleidigung wird hier ähnlich gepflegt wie beim Preisboxen, es ist ein ständiges Präsentieren der Pfauenfedern – vor allem dann, wenn uns durch die beiden riesigen Glaswände ein paar Frauen beim Balzen und Brunften, beim Gockeln und Geweihen, beim Krähen und Röhren beobachten.

Ähnlich verhält es sich bei Debatten, die in etwa so ablaufen:

»Aus!«

»Nein!«

»Doch!«

»Nein!«

»Doch, hab ich gesehen.«

»Gesehen?«

»Warum nicht?«

»Du siehst nicht mal deine Mitspieler. Ein Blinder sieht mehr als du.«

»Ach ja? Du spielst wie meine Mutter.«

»Ich lasse dich gerade älter aussehen, als deine Mutter jemals werden wird.«

»Besser alt als blind. Ich habe dich gerade geblockt.«

»Die Sonne scheint manchmal auch auf einen Hundehintern.«

»Dein Gesicht sieht aus wie ein Hundehintern.«

Nach weiteren Debatten um Hundehintern sowie Alter, Aussehen und Profession der jeweiligen Mutter beschwert sich einer der anderen acht Menschen auf dem Feld, dass er nun gerne weiterspielen würde. Dann wirft einer auf den Korb – wenn er trifft, dann hat er recht. So ist das beim Streit von Männern: Wer trifft, der hat recht.

Ich finde diese Form des Streitbeendens unbefriedigend, weil nicht Argumente den Sieger bestimmen. Meine Fähigkeiten im Trash Talk sind ebenfalls eingeschränkt, weil ich die Grenze zwischen lustiger Beleidigung und Jetzt-gibt's-eine-aufs-Maul-Beleidigung nicht so richtig kenne und deshalb meist im eher langweilig-unlustigen Bereich der Verbalinjurien (»Du bist noch viel doofer.«) bleibe. Beim Freizeitbasketball geht es manchmal zu wie im Urwald, wenn Gorillas um die letzte Banane raufen. Man bäumt sich auf, fletscht die Zähne, trommelt sich auf die Brust – doch letztlich gibt es kurz vor einem Kampf eine friedliche Lösung, der Unterlegene zieht sich zurück, während der Sieger nochmals die Widerstandsfähigkeit seiner Brustmuskulatur überprüft.

Die einzige Lösung: Ich muss mit diesen Männern streiten, wie eine Frau mit einem Mann streitet. Und das hier ist meine Chance, die ich nicht vorbeiziehen lassen darf wie so viele Gelegenheiten im Leben, denen ich fröhlich zugewunken und dann bitter nachgetrauert habe. Mein Streitpartner ist in diesem Fall mein Freund Dean. Er ist ein lieber Mensch, der sich auf dem Basketballplatz zu einer Mischung aus Möchtegern-Eminem und ehemaligem Fußballprofi beim Freizeitkick entwickelt. Er hat mal professionell Basketball gespielt, was er nun bei jeder Gelegenheit zeigen muss.

Sein Problem ist, dass er nicht genau weiß, ob der Ball tatsächlich seinen Schuh berührt hat – er will deshalb das männliche Rangelritual beginnen, das am Ende ins Dreierwerfen mündet. Er besteht darauf, dass der Ball ganz sicher nicht seinen Schuh berührt habe, danach will er ein Foul an seiner

Hüfte gespürt haben, und schließlich kündigt er an, von nun an mal richtig aufdrehen zu wollen. Das komplette Testosteronprogramm also, doch trifft er an diesem Tag nicht auf einen gleichwertigen Elch, sondern auf ein streitsüchtiges Reh.

Ich arbeite brav meine Liste ab und halte mich an das Diagramm.

Ich weiß, dass ich recht habe. Natürlich. Er erklärt jedoch, warum er den Ball haben sollte: »Ich habe nichts am Fuß gespürt, sondern nur an der Hüfte, wo du mich geschubst hast.«

Ich beginne auf der linken Seite im Diagramm: »Das stimmt doch nicht! Probier's noch mal.«

»Wie? Noch mal?«

»Was du sagst, das ist falsch! Warum lügst du? Probier's noch mal!«

»Aber…«

»Siehst du? Jetzt weißt du schon nicht mal mehr, was du sagen willst!«

»Na ja, doch. Äh!«

Ich bewege mich nach rechts und gehe zum Meine-Meinung-Äußern über.

»Der Ball war an deinem Schuh – haben alle gesehen. Dass du es nicht gespürt hast, ist kein Argument.«

»Aber… Also, das war kein Foul?«

»Nein!« Ich werde lauter: »Immer das Gleiche mit dir!«

»Na ja, ich dachte, das wäre ein Foul!«

»Schon gut, ich verzeihe dir. Unser Ball. Weiter geht's!«

Es ist großartig, eine Frau zu sein. Dean hat keine Ahnung, was er sagen soll – und ich musste noch nicht einmal weinen.

Ich habe verstanden, was Frauen da tun. Nein, sie sind keine gerissenen Monster. Sie nutzen einfach nur aus, dass wir Männer viel zu doof sind, anständig zu streiten. Aber nun nicht mehr. Ich weiß Bescheid – und kann den nächsten Streit gar nicht erwarten. Aber nur mit einem Mann. Vor Frauen habe ich noch immer Angst. Die machen das, seit sie auf der Welt sind.

Kapitel 18

Fünfzig Schatten der Hölle

Alison Bechdel ist eine witzige, eine grandiose und geniale Frau mit verrückten Einfällen. Das muss an dieser Stelle gesagt werden, denn der nach ihr benannte Test ist einfach nur ganz großer Quatsch! Wenigstens gibt sie das selbst zu. »Er war als Witz gedacht«, sagt sie über diese Prüfung für Filme, die ihre Zimmergenossin vor dreißig Jahren erfunden hat und die sie im Comic *Dykes to Watch Out For* berühmt gemacht hat: »Aber so wie jeder Witz hat er einen wahren Kern.« Nein, liebe Alison, der Test ist einfach nur schlecht. Aber das weiß sie selbst.

Der *Bechdel-Test* ist ein popkulturelles Phänomen aus den 80er-Jahren und dient als feministische Überprüfung eines Films. Eigentlich müssen nur drei Fragen beantwortet werden: 1) Gibt es in der Geschichte mindestens zwei Frauen, die mit Namen erwähnt werden? 2) Unterhalten sich diese Frauen miteinander? 3) Geht es in diesem Gespräch um etwas anderes als um einen Mann? Es ist die Fortführung von Virginia Woolfs Behauptung in ihrem Essay *A Room of One's Own*, dass sich ein Gespräch unter Frauen entweder um Männer dreht oder nicht existiert.

Es ist ein einfacher Test, Regisseure wie Paul Feig sind besessen davon. Aus dem Test hat sich ein Kult entwickelt, es gibt Internetseiten wie *bechdeltest.com*, deren Ziel es ist, sämtliche Werke der Filmgeschichte auf ihre Bechdel-Tauglichkeit zu überprüfen. Interessant etwa: Zwischen 1970 und 1974 bestanden nur etwa fünfundzwanzig Prozent aller analysierten Filme den Test, zwischen 2010 und 2013 sind es immerhin ein wenig mehr als fünfzig Prozent.

Ein Werk, das den Test besteht: *Fifty Shades of Grey*. Ja, wirklich. Behaupten zumindest die Menschen, die den Film gesehen haben. Ana spricht mit ihrer Mitbewohnerin über die Schule und ein Sandwich, mit der Mutter von Christian Grey unterhält sie sich über Studium und Abendessen. Test bestanden. Mit wehenden Fahnen. Ich habe den Film nicht gesehen. Ich habe nur das Buch gelesen.

Es war eine Etappe dieser Aufgabe: *Nimm teil an unserem kulturellen Leben!* Also: Gucke die Filme und Fernsehserien, die Frauen interessieren. Lies die Bücher, die wir genüsslich verschlingen. Höre unsere Musik. Und verstehe, warum wir das lesen und sehen und hören.

Ich interpretiere es als kulturelles Friedensangebot: Lache nicht mehr über unsere romantischen Sommerkomödien mit Happy End, dann machen wir keine Witze mehr über Filme, die *Stirb langsam* heißen, obwohl sie nach allen Regeln der Logik *Tot nach drei Minuten* heißen müssten. Okay, kann man mal machen.

Doch ich bin am Ende, körperlich wie psychisch. Mein linkes Auge zuckt, ich habe ein hohes Piepen im Ohr, und ich habe dieses dringende Gefühl, jemandem Schmerzen zufügen zu müssen – am liebsten mir selbst, weil ich diese Selbstkasteiung zugelassen habe. Doch nun ist, auch aus dem Trieb der Selbsterhaltung heraus, Schluss damit. Es wäre eine Untertreibung zu behaupten, dass ich unterwältigt bin. Ich bin am unterwältigsten.

Ich werde nicht den zweiten Teil von *Fifty Shades of Grey* lesen – und das nicht nur, weil ich beim Lesen des ersten Buches tatsächlich dümmer geworden bin und das auch noch nachweisen kann: Ich habe davor einen Intelligenztest im Internet gemacht und direkt nach dem letzten Satz gleich noch

einen – und habe durch das Lesen dieses literarischen Sonder-
mülls zwei IQ-Punkte verloren. Die werde ich wahrscheinlich
nie mehr wiederbekommen, obwohl ich doch jeden einzelnen
Punkt dringend brauche.

Niemand behauptet, durch das Buch *Women* (dt. *Das
Liebesleben der Hyäne*) von Charles Bukowski oder Dwayne-
Johnson-Filme klüger oder gebildeter zu werden. Es geht nicht
darum, dass die Autorin der grauen Schatten zweihundert-
siebenmal das Wort »murmur« (ich habe die englische Ori-
ginalausgabe gelesen, quasi als volle Dröhnung) verwendet
oder hundertzweiundsiebzigmal irgendwas in Verbindung mit
»holy« (also »holy shit« oder »holy fuck« oder »holy crap«)
sagt – wobei auch »crap« mehr als hundertmal vorkommt.

Ich habe auch meine Lieblingswörter (der Publizist Wolf
Schneider zählte einmal das Wort »Arschloch« in *Du sollst
nicht lügen!* und erklärte mein Buch danach zu einer »einzigen
Arschlöcherei«. Ich glaube, das war kein Kompliment, doch
bei Schneider kann man sich da nie sicher sein), aber wenn
mir noch mal jemand was von einer »inneren Göttin« erzählt,
dann werde ich diese Person teeren und federn und mit Tam-
pons bewerfen. Wirklich, ich mag Gott, aber innere Göttinnen
sind mir jetzt unsympathisch.

Natürlich bin ich selbst schuld, weil ich mich in diese Sache
habe hineinhohnepiepeln lassen. Ich dachte, dieses Buch wäre
die frivole Frucht einer verzweifelten Hausfrau, die in der
Badewanne beim Träumen vom Milliardär mit Pferdeschwanz
und irrelevanter Frisur zufällig einen Laptop in die Hand bekommen hat und darauf ihre Träume für alle anderen wechsel-
jahrgefährdeten Genossinnen aufgeschrieben und mit ein paar
saftigen Sexszenen garniert hat. So ein bisschen Sophie Kinsella
auf Viagra oder Lauren Weisberger mit Latex statt Prada. So in
der Art. Wurde mir jedenfalls versprochen.

Verstehe ich vollkommen, schließlich habe ich vorher auch
Kinsella- und Weisberger-Romane gelesen und davon sogar
mehrere Bände: Bisschen trottelige, aber dennoch supersympa-

thische Frau trifft künftigen Chef und/oder Lebenspartner zufällig im Flugzeug, findet ihn aber erst einmal doof und merkt erst nach ein paar total verrückten Abenteuern und total unerwarteten Wendungen in der Handlung, was für ein grandioser Zuhörer und/oder einfühlsamer Liebhaber und/oder wunderbarer Vorgesetzter dieser einsame Wolf doch ist, der den bösen Buben (der zu Beginn der Handlung als sympathischer Kollege und/oder Freund daherkam) besiegt und einem dann ein Pferd zum Ritt in den Sonnenuntergang anbietet. Schön, so was. Wirklich. Gefällt mir auch. Manchmal.

Diese hanebüchene Geschichte, die sich jedoch immer noch so nahe an der Realität bewegt, dass die Leserin (und ja, auch ich als Leser bisweilen) denkt: Mensch, bei ein wenig günstigerer Konstellation meiner Sterne könnte mein Leben auch noch so verlaufen – ohne dass ich mich selbst groß anzustrengen brauche, ist ja letztlich doch alles Schicksal.

Es ist Opium fürs Östrogen – und das gibt es auch für Männer.

Wir gucken Stallone oder Schwarzenegger oder Willis – oder am besten alle zusammen in der mit bislang viel zu wenigen Fortsetzungen ausgestatteten *Expendables*-Serie – nicht nur deshalb, weil wir gerne Dinge in die Luft fliegen sehen, auf derbe und debile Machosprüche stehen oder auf leicht bekleidete Frauen, die unabhängig von der Handlung immer leichter bekleidet werden und meist nicht miteinander reden. Obwohl: *Fast & Furios 7* bestand den Bechdel-Test auch.

Es ist auch der versteckte und natürlich niemals öffentlich geäußerte Wunsch, über die Oberarmdefinitionen des Protagonisten zu verfügen, den spontanen Spruch endlich auch mal zur rechten Zeit auf Lager zu haben und nicht erst fünf Minuten später – und natürlich durch ein paar heldenhafte Aktionen und Überleben trotz zahlreicher Gefahren am Ende die Prinzessin zu bekommen oder wenigstens die leicht bekleidete Nebendarstellerin. Ja, wir wären gerne Han Solo oder James Bond oder Super Mario.

Untersucht man Frauenromane und Männerfilme auf ihre reine Essenz hin, dann stellt man fest, dass diese Kunstwerke oftmals exakt das Gleiche in der Fantasie des jeweiligen Zuschauers auslösen: Sie zeigen eine unwahrscheinliche, indes aber nicht ganz unmögliche Alternative unserer Existenz, wenn es das Leben nur ein klein bisschen besser mit uns gemeint hätte. Es ist ein auf Zelluloid festgehaltenes Schulterklopfen und der beruhigende Hinweis, dass man im Leben manchmal keine Diät und neue Schuhe und auch kein Fitnessstudio oder eine schnelle Karre braucht, sondern ganz einfach nur verdammt viel Glück.

Doch dieses Ding ist gar keine Frauenfantasie, *Fifty Shades of Grey* ist eine Buch gewordene Männerfantasie. Nein, noch nicht einmal das: Es ist eine Buch gewordene Arschlochfantasie. Ein gut aussehender Milliardär mit enorm großem Geschlechtsorgan und der zwanghaften Neurose, das Leben einer unschuldigen Jungfrau komplett kontrollieren zu wollen, schafft es, sie grundsätzlich schon durch Ansehen feucht werden und durch eine Berührung multiple Orgasmen erleben zu lassen sowie sich selbst aufgrund der naiven Unerfahrenheit der Holden zum Sexgott zu stilisieren – das ist zunächst einmal der Beginn einer Geschichte für Männer.

Also war ich begeistert.

Ich hatte Hoffnung auf groteske Unterhaltung, schließlich sind mir in Gesprächen, Ankündigungen und Rezensionen vorsichtig hüstelnd ein paar wunderbare und noch nie gelesene Beschreibungen sexueller Handlungen versprochen worden. Mein Problem ist, dass ich diese Beschreibungen nun nicht ungelesen machen kann: Wer es erotisch findet, dass Mr. Grey seiner menstruierenden Gespielin einen Tampon aus der Vagina zieht und dann in einen Mülleimer wirft, der wird wahrscheinlich auch durch das Betrachten von Naturkatastrophen sexuell erregt.

Der Rest der erwähnten erotischen Momente kommt zunächst einmal realitätsferner daher als ein Gina-Wild-Film: Der Mann nudelt diese sexuell unerfahrene Frau mit seiner gigantischen Genusswurzel wie ein wild gewordener Presslufthammer, und sie fühlt danach eine kleine, aber doch recht angenehme Spannung im Unterleib? Jetzt echt? Aber gut, das Buch heißt auch *Fifty Shades of Grey* und nicht *Verrückte Vaginalverletzungen*. Die anderen erotischen Handlungen sind ungefähr so spritzig wie eine seit drei Jahren geöffnete Cola. Wer das frivol oder gar aufregend findet, der hat ein gewaltiges Langeweileproblem in seinem Leben.

Aber gut, es gibt ja aufgrund des immensen Erfolgs auch noch die Version, in der Christian seine Sicht der Dinge erklärt. Kann ja nicht schaden, vielleicht gibt es neue Erkenntnisse. »Wut durchströmt mich«, heißt es da: »Ich starre sie an, während Zorn durch meinen Körper fließt.« Ach herrje, was ist passiert? Nun, Mr. Grey hat soeben erfahren, dass seine Gespielin noch Jungfrau ist. Was wir noch erfahren: Der arme Mann ist gar nicht so selbstverliebt und selbstsicher, er wundert sich einmal gar: »Mag sie mich wirklich?« Huiuiui, da ist aber einer sensibel.

Dennoch nimmt sich auch diese Geschichte derart ernst, dass nun ein für alle Mal feststeht, dass Christian Grey tatsächlich ein Arschloch ist. Seine Gedanken sind ungefähr so erotisch wie das Tagebuch eines sexuellen Straftäters, sie enthalten solch tiefgründige Feststellungen wie: »Mein Haar ist nass von meiner Dusche, aber das ist mir scheißegal.« Oder: »Ihre Worte wandern direkt in meinen Schwanz.« Oder: »Sie lacht. Ist es, weil ich ein Croissant esse? Wenn sie das glücklich macht, sollte ich sie öfter essen.« Ich bin konsterniert.

Diese Dinger also bestehen den Bechdel-Test? »Ich bin ja auch nicht gerade ein Anwalt meines Tests – es verwundert mich ja, dass die Idee einer lesbischen Feministin in den 80ern plötzlich Mainstream geworden ist«, sagt Bechdel. »Mein Lieblingsfilm jedoch ist *Und täglich grüßt das Murmeltier* – und der besteht den Test nicht.« *Wie angelt man sich einen Millionär?*, *Anchorman – Die Legende von Ron Burgundy* und zahlreiche Pornofilme wie etwa *Flashpoint* dagegen schon.

Es gibt deshalb mittlerweile auch den *Mako Mori Test*, den ein Film dadurch besteht, wenn eine weibliche Figur mindestens einen Handlungsstrang dominiert, der letztlich nicht die Geschichte einer männlichen Hauptfigur vorantreibt. Bei diesem Test fällt die Buchversion von *Fifty Shades* durch, weshalb ich doch noch Lust habe, im kulturellen Selbstversuch weiterzumachen.

Der Wechsel ist beim Triathlon immer eine knifflige Angelegenheit. Der Athlet hat sich stundenlang auf eine Sache konzentriert, nun muss er entweder aus dem Wasser klettern oder vom Fahrrad steigen, er muss sich umziehen und danach eine völlig neue Disziplin beginnen. Bei Sesselsportlern funktioniert das genauso, auch bei jenen, die sich vorgenommen haben, den Frauen-Fernseh-Triathlon zu absolvieren. Ich wühle mich durch einen Berg aus Champagner- und Weinflaschen – das Betrinken gehört zur Aufgabe – und krieche zum DVD-Player, um einen nahtlosen Übergang zur letzten Etappe zu schaffen.

Ich habe bereits 94 Folgen von *Sex and the City* gesehen, das sind 2820 Minuten Carrie, Samantha, Charlotte und Miranda – und natürlich John James Preston, besser bekannt als »Mister Big«, wegen dem nun alle Männer stinkreiche Einzelgänger zu sein haben, die am Ende den Eisblock durch ein Herz ersetzen und deshalb das Mädchen bekommen. Oder wenigstens wie Smith, dieses blendend aussehende Wodka-Model, der in der Bar geduldig auf seine fünfzehn Jahre ältere Freundin wartet, während sie ihn mit einem reichen Sack betrügt.

Ich habe mir auch die komplette Ladung *Desperate Housewives* gegeben, hundertachtzig Folgen oder knapp hundertfünfunddreißig Stunden, deretwegen Frauen nun Wein trinken, Intrigen spinnen und dringend einen Gärtner brauchen – auch wenn es keinen Garten gibt. Ich bin emotional ein wenig aufgewühlt, weil es schon dramatisch ist, wie in der vorletzten Folge Karen McCluskey zum Lied »Wonderful! Wonderful!« von Johnny Mathis stirbt. Ach, wir sind hier doch unter uns: Ich heule wie eine Mutter bei der Hochzeit ihres einzigen Sohnes. Was für eine grandiose Serie.

Die letzte Disziplin lautet: hundertzwei Folgen *Cougar Town*. Noch einmal knapp vierzig Stunden. Macht aber nichts, denn von nun an fließt in unserem Wohnzimmer der Rotwein wie sonst nur Wasser oder Limonade. Das schaffe ich auch noch, dann habe ich den kompletten kulturellen weiblichen Lebenszyklus absolviert – also wie *Californication, Sons of Anarchy* und *Prison Break* für Männer.

Ich habe meine Frau und mein Kind für eine Woche weggeschickt, weil ich nicht vorhersehen kann, was nun passieren wird. Vielleicht wird alles gut, vielleicht mutiere ich aber zu einem morbiden Monster. Ich fürchte schon, dass der kulturelle Overkill mit mir ein kleines *Clockwork Orange* veranstaltet – nur dass ich mich nicht zu Beethovens Neunter Symphonie umbringen will, sondern zur Titelmelodie von *Sex and the City*.

Es gibt ein paar Geschlechterphänomene in Filmen und Fernsehserien, die mir seit Jahren auffallen. Zum Beispiel das L-Bettlaken: Wenn ein Pärchen nach dem Liebesspiel erschöpft im Bett liegt – bis Mitte der 90er-Jahre rauchend, danach telefonierend, mittlerweile miteinander redend –, dann ist beim Mann stets der komplette Oberkörper zu bewundern, während seine Partnerin bis zum Dekolleté bedeckt ist. Meine Frau versucht seit Jahren, genau diese Lakenposition hinzubekommen – es funktioniert nur, wenn man das Laken auf der einen Seite um mindestens dreißig Zentimeter kürzt.

Oder das Geschlechts-Attraktivitäts-Alter-Paradoxon im horizontalen Gewerbe: Wenn in Filmen eine Frau ins Rotlichtmilieu abdriftet, dann sind ihre Kunden nach meinen Recherchen durchschnittlich dreiundfünfzig Jahre alt, 107,1 Kilogramm schwer und haben 3,4 Haare auf dem Kopf. Es sind ekelhafte und ungehobelte Gestalten, und man wünscht der jungen Dame nichts sehnlicher als das Entkommen aus dieser schrecklichen Szene. Passiert das jedoch einem Mann – ob freiwillig wie in *Satisfaction* oder unfreiwillig wie in einer Folge von *About A Boy* –, dann ist die zu beglückende Dame eine hinreißende Frau, und neunundneunzig Prozent der männlichen Zuschauer würden sogar Geld dafür bezahlen, um eine Nacht mit ihr zu verbringen.

An solche Sachen denke ich, als ich mich bei den Folgen von *Cougar Town* herzlich amüsiere – *Sex and the City* fand ich eher gewollt, *Desperate Housewives* einfach nur genial witzig. Ich denke auch darüber nach, wo der Unterschied zwischen Samantha aus *Sex and the City* und Hank Moody in *Californication* sein soll. Die eine Figur ist ein saufender und rauchender Egozentriker mit dem Wortschatz eines unbefriedigten Bauarbeiters und so viel Achtung vor den stets wechselnden Sexualpartnern wie ein Teenager vor dem Mathelehrer – und die andere ist Hank Moody.

Jede Geschichte, jedes Buch, jeder Film, jede Serie wird dadurch angetrieben, dass es da jemanden gibt, der etwas will. Meinen Antrieb für die Handlung in diesem Buch etwa habe ich ja schon zu Beginn verkündet: Ich will Frauen verstehen, damit ich mehr von dem bekomme, was ich gerne haben will. Was ich gerne haben will, das werde ich hier nicht verraten, weil Sie das nun wirklich nichts angeht – aber es hat mit mehr Ruhe im Wohnzimmer und mit weniger Ruhe im Schlafzimmer zu tun.

Manchmal geht es bei Geschichten um Macht, manchmal um Geld, manchmal um die Rettung der Welt – sehr oft jedoch geht es für die Hauptfigur einfach nur darum, einen Menschen zu finden, mit dem sie mehr Zeit verbringen möchte. Klar wird die Suche danach unterschiedlich dargestellt, aber das Ziel und die Sehnsucht sind gleich.

Natürlich unterscheiden sich Frauenserien von Männerserien. Frauenfilme von Männerfilmen. *Chick-lit* von *Dick-lit*. Aber die Unterschiede sind nicht so groß, wie sie uns eingeredet werden und wie wir uns häufig einreden. Ich habe mich bei den Serien für Frauen ebenso amüsiert wie bei denen, von denen es heißt, sie seien allein für Männer produziert worden. Ich mag Chuck Palahniuk immer noch lieber als Sophie Kinsella – aber das liegt daran, dass ich Palahniuk für ein Genie halte und Kinsella nur für eine sehr gute Autorin. Und Tina Fey ist der derzeit lustigste Mensch in Filmen und Fernsehserien. Nicht weil sie eine Frau ist, sondern weil sie verdammt lustig ist.

Es wäre schön, wenn Alison Bechdel nicht vor allem nur für ihren Test berühmt wäre, den sie ja mittlerweile selbst als Witz bezeichnet, sondern vielmehr für ihre Comics, ihre Bücher, ihre Show am Broadway. Das würde nämlich bedeuten, dass wir uns nicht mehr darum kümmern müssen, ob sich da zwei Frauen über etwas anderes unterhalten als Männer oder ob sie einen eigenen Handlungsstrang im Film haben. Weil es sowieso häufig genug passiert.

Dann müssen wir auch Literatur nicht mehr einteilen in *Chick-lit* und *Dick-lit* – nur kurze Zwischenfrage: Wozu gehört dieses Buch, das Sie gerade in Händen halten? –, sondern in grandios geschriebene Werke und literarische Albträume und all die Abstufungen dazwischen.

Dann könnte man einfach sagen, was *Fifty Shades of Grey* ist: eines der schlimmsten Bücher, das ich jemals lesen musste.

Kapitel 19

Die Geburt der Venus

Ooooooooooooooooo! Eieieiei! Huiuiuiui!
Einatmen! Ausatmen! Locker bleiben! Nur kein Stress –
gleich ist es wieder vorbei.
Ooooooooooooooooo! Eieieiei! Huiuiuiui!
Alles in Ordnung, dreißig Sekunden sind vorbei. Einatmen.
Ausatmen. Alles wird gut.
Ich liege seit zwanzig Minuten in einem Krankenhaus. Ärzte
und Krankenschwestern kennen mich und mein Gejammer –
ich war bereits vor einem Jahr wegen eines Hexenschusses und
Bandscheibenvorfalls hier. Damals lag ich auf einer Pritsche
und habe dem Personal abwechselnd hundert Dollar geboten
oder Todesdrohungen gegen sie ausgesprochen, damit mir jemand eine Spritze in den Rücken jagt oder mich mit anderen
Mitteln irgendwie von den Schmerzen befreit. Ich war körperlich und nervlich an meinen Grenzen.
Nun aber bin ich nicht aufgrund meines Rückens hier. Ich
will ein Kind bekommen – oder wenigstens so tun.
Wir sind ungefähr bei vierzig Prozent Hexenschuss. Alles in
Ordnung. Nicht angenehm, aber noch kein Grund zum Jammern.
Die Menschheit scheint fasziniert von der Vorstellung zu
sein, dass Männer einmal Wehen erleben sollten. Dann, und
nur dann, würden Männer endlich Frauen verstehen können.
In China etwa gibt es eine Geburtsklinik, die Ehemänner ein

paar Tage vor der Geburt ihres Kindes die Wehen ihrer Partnerin empfinden lässt. *Pain Experience Camp* heißt das. »Die Schmerzen sind immer noch weit geringer als bei einer Frau während der Geburt«, sagt die Krankenschwester. »Aber wir haben die Erfahrung gemacht, dass die Männer danach liebevoller sind und sich mehr um ihre Frauen kümmern.«

Heißt: Männer sollen das machen, um Frauen zu verstehen. Also will ich das auch tun – obwohl ich, wenn ich ehrlich bin, so einen Versuch für gewaltigen Quatsch halte.

In Deutschland wurde bereits Anfang 2013 darüber diskutiert, als sich der Reporter Jenke von Wilmsdorff im Rahmen seiner Selbstversuchsserie *Das Jenke-Experiment* Elektroden an den Bauch legen ließ, um die Schmerzen bei den Wehen nachzuempfinden. Er brüllte, er weinte, er krümmte sich auf dem Boden. Irgendwann sagte er: »Warum gibt es nicht nur Einzelkinder auf der Welt?« Dann brüllte er wieder und verkrampfte. Er hielt aber bis zum Ende durch.

Es ist ja immer das Totschlagargument bei der Geschlechterdebatte, dass es nun einmal Dinge gibt, die ein Mann niemals wird nachempfinden können. Sex zum Beispiel. Oder die Geburt eines Kindes. Dann lehnen wir uns alle zufrieden zurück, einigen uns auf die Männer-vom-Mars-und-Frauen-von-der-Venus-Theorie und fläzen bequem in unserem Sessel der Ignoranz.

Bei diesem Versuch wird natürlich die Absurdität meines Vorhabens deutlich, Frauen komplett verstehen zu wollen. Nein, ich werde niemals schwanger sein. Nein, ich werde nie erleben, wie das ist, mein Kind monatelang in meinem eigenen Körper herumzutragen. Ich werde nie wissen, wie das ist, für eine zweite Person zu sorgen, die noch nicht einmal geboren ist. Für diese Person auf Alkohol zu verzichten. Auf Tabak. Auf ungesunde Ernährung. Ich werde niemals Tritte von innen spüren. Ich werde niemals erfahren, wie das ist, das obere Ende einer Treppe nur dann zu erreichen, wenn mich jemand anschiebt. Eine Geburt am eigenen Leib erfahren. Das geht nicht. Das ist schade.

Jedoch: Ist eine Frau nur dann eine Frau, wenn sie ein Kind bekommen hat? Oder sollten sich alle kinderlosen Frauen auch mal an dieses Gerät anschließen, um zu erfahren, wie das ist? Ist eine Mutter mehr Frau als eine, die kein Kind bekommt? Jede Frau empfindet Schmerzen anders, es gibt die Möglichkeit einer PDA oder eines Kaiserschnitts. Ist eine Frau weniger wert, wenn sie sich nicht die volle Dröhnung Schmerzen gibt? Natürlich nicht, doch gibt es auch darüber Diskussionen: Eine Bekannte bekam nur deshalb ein zweites Kind, weil sie nach dem Kaiserschnitt beim ersten Kind Schuldgefühle entwickelte und unbedingt beweisen wollte, dass sie es auch anders kann.

Minute 40. Schmerzlevel: 0,7 Hexenschuss. Tut richtig weh. Ist aber noch auszuhalten.

Die Elektroden sind an meinem Bauch – links und rechts vom Nabel und schräg darunter – angebracht, sie sorgen in immer kürzer werdenden Abständen für immer heftigere Schmerzen. Und für Krämpfe. Ich kann mittlerweile sehen, wie sich die Muskeln zusammenziehen und sich danach nur unfreiwillig lockern. Die Pausen sind inzwischen keine Pausen mehr, sondern eher Angstzustände vor der nächsten Kontraktion – so wie man sich im Fußballtraining nach einem 1000-Meter-Sprint nicht wirklich erholen kann, wenn man weiß, dass da noch 1500 Meter folgen. Und 2000 Meter. Und 2500 Meter.

»Eine komplette Simulation ist nicht möglich, weil die Kontraktion bei den Wehen nicht extern verursacht wird«, sagt die Krankenschwester. »Und wir müssen bedenken, dass Sie nicht schwanger sind, sie schütten deshalb keine schmerzlindernden Hormone aus. Das ist vergleichbar mit einem Boxer, der trotz einer Verletzung weiterkämpft und die Schmerzen erst nach dem Kampf spürt. Das ist eine Extremsituation, die eine Frau vielleicht nur einmal erlebt. Sie dagegen sind nicht in dieser Situation – Sie werden kein Kind bekommen und schütten deshalb auch kein Adrenalin aus.«

Das ist ein weiteres Argument gegen den Versuch: Es werden keine Wehen simuliert, sondern einfach nur Schmerzen zugefügt – wie bei diesem Gerät auf dem Jahrmarkt, bei dem man über die silbernen Griffe Strom in die Hände geleitet bekommt und danach angezeigt wird, wer ein Weichei ist und wer als harter Kerl durchgeht. Das ist lustig, hat jedoch mit der Geburt eines Kindes nichts zu tun. Mein Lohn wird kein neues Leben in meinen Armen sein, sondern eine Zahl, die ich dann entweder stolz berichte oder peinlich verschweigen werde. Es ist ein Wettbewerb der Schmerzen. Nicht mehr.

Minute 60. Schmerzlevel: 0,9 Hexenschuss. Jetzt wird es langsam unerträglich. Ich muss bei den Kontraktionen ein bisschen weinen. Es sind auch Tränen der Angst, weil ich weiß, dass ich noch lange nicht am Ende angelangt bin. Laut Krankenschwester befinden wir uns nun in der Phase, in der der Muttermund so weit geöffnet ist, dass es bald losgehen kann. Bald? Wie bald? »Nun, vierzig Minuten wird das schon noch dauern«, sagt sie. Ich weine wieder. Nicht vor Schmerzen. Aus Angst. Und schon kommt der nächste Schmerzschub.

Das Gerät kann Stromstöße bis zu 75 Hertz ausstoßen, die Krankenschwester definiert 65 Hertz als den Schmerzen bei der Geburt vergleichbar. Wir sind nun bei 20 Hertz angelangt. Tut das weh! In einer Pause biete ich der Krankenschwester hundert Euro dafür, dass sie mir die Elektroden abnimmt – und noch einmal hundert Euro, wenn sie anschließend behauptet, dass ich es bis 65 Hertz geschafft habe. Sie lehnt ab. Wie auch zweihundert und dreihundert Euro. Kurz vor dem nächsten Schub biete ich fünfhundert Euro, damit sie mir die Dinger abnimmt – auch ohne die nachträgliche Behauptung, dass ich es geschafft hätte. Sie lehnt ab.

Minute 90. Schmerzlevel: ein Hexenschuss.

Ich drohe jedem, der mich nicht sofort von diesen Elektroden befreit, mit gewaltigen Schmerzen nach dem Projekt. So in der Art: »Wenn ich das überlebe, dann werde ich euch töten!« Meine Bauchmuskeln verkrampfen, es kommt mir deutlich länger vor als nur dreißig Sekunden. Die Tränen kullern nun unentwegt, ich presse mein Gesicht gegen das Kissen und brülle hinein. Was für eine bescheuerte Idee! Holt mich hier raus!

Wir sind bei knapp 40 Hertz. Dann wird es noch ein bisschen schlimmer. Wir sind kurz vor der Geburt. Sagt die Krankenschwester

1,2 Hexenschüsse.

Schluss. Aus. Vorbei. Ich gebe auf. 1,2 Hexenschüsse sind genug. 45 Hertz auch. Es reicht! Ende! Nein!

Das ist ein wenig mehr als die Hälfte dessen, was die Krankenschwester als die Schmerzen bei der Geburt definiert. Aber sie sind unerträglich – vor allem deshalb, weil ich im Hinterkopf weiß, dass ich abbrechen kann. Von Wilmsdorff hat bis zum Ende durchgehalten. Dazu möchte ich ihm herzlich gratulieren. Er kann offensichtlich mehr Schmerzen ertragen als ich.

Aber hat er ein Kind bekommen? Nein, wie ich auch nicht. Er hat mehr Schmerzen ausgehalten als ich.

Mir geht es nun wie diesen beiden Kerlen, die einander auffordern, jeweils eine halbe Kröte zu verspeisen, um die Wette nicht zu verlieren – und sich am Ende gegenseitig fragen: »Warum haben wir nun eigentlich den Frosch gefressen?« Ich habe mich den größten physischen Schmerzen meines Lebens ausgesetzt und dabei gelernt, dass ich sie zwar aushalten kann, aber ohne die Aussicht auf die Geburt eines Kindes nicht bereit bin, viel weiter zu gehen als bis zu einem Hexenschuss.

Das ist das Ergebnis dieses Experiments. Nicht mehr, nicht weniger.

Ich verstehe Frauen deshalb keinen Deut besser als zuvor. Mir wird vielmehr die Aussichtslosigkeit meines Projekts bewusst, natürlich niemals alle Elemente des Frauseins nachempfinden zu können. Das macht mich jedoch nicht traurig oder enttäuscht, sondern es beruhigt. Ich glaube, dass eines der wichtigsten Elemente für Verständnis die Erkenntnis ist, nicht alles verstehen zu können – aber es zumindest zu versuchen.

Dass es unglaubliche Schmerzen sind, die eine Frau da empfindet, das wusste ich schon vorher. Dass jede Frau, die ein

Kind bekommt – ob nun ohne Schmerzmittel, mit PDA oder auch durch Kaiserschnitt –, höchsten Respekt verdient. Und eine Frau, die keine Kinder bekommt? Ist deshalb nicht weniger wert, und sie muss sich auch nicht an einen Wehensimulator anschließen, um an diesem Schmerzwettbewerb teilzunehmen.

Was ich jedoch, und das ist meine ganz persönliche Erfahrung, jedem Mann empfehlen kann: Wenn es euch möglich ist, dann seid bei der Geburt eures Kindes dabei – weil ihr die Mutter des Kindes mit anderen Augen sehen werdet. Und mit ein bisschen Glück werdet ihr sie danach ein wenig besser verstehen. Und das Wunderbare dabei ist, dass ihr außer ein- und ausatmen nicht viel machen müsst. Es tut noch nicht mal weh. Ihr müsst einfach nur da sein.

Kapitel 20

Multitasking

Ich kann nicht mehr schlafen. Ich bin so müde, dass ich halluziniere: Ich sehe neonfarbene Pfeile, die auf mich zuschießen, und eine grüne Kugel, die auf mich zu fallen droht, dazu verschieben sich die pinken Wände. Nein, ich habe kein LSD genommen. Was mich wahnsinnig macht, ist meine Frau neben mir. Sie schläft wie ein Baby – und ich sehe Blöcke vor mir, Kreise, Dreiecke.

Ich habe verloren. Ich kann verlieren, nur nicht besonders gut. Ich gehöre nicht zu den Controller-in-die-Ecke-Werfern oder Ins-Kissen-Beißern oder gar Freundschaft-Kündigern. Ich bin eher jemand, der in Embryostellung im Bett liegt, am rechten Daumen nuckelt und einen Plan dafür entwickelt, eine Niederlage beim nächsten Mal in einen Triumph zu verwandeln. Ich trainiere dann wie ein Besessener und nutze jedes legale Mittel, das nächste Duell zu gewinnen. Wie schon gesagt: Ich kann verlieren, nur nicht besonders gut.

Ich habe als Teenager mal so lange Minesweeper geübt, bis ich nachts von Quadraten und Flaggen und Bomben geträumt habe – jedoch am Ende den Rekord meines Nachbarn geknackt und ihm den Beweis per Polaroidfoto geschickt habe. Ähnlich ging es beim Oktoberfest-Zweikampf (Biertrinken und Olympia-Looping-Fahren), beim Mensch ärgere dich nicht (ja, da gibt es Taktiken) und auch einfach nur beim Luftanhalten.

Ich bin ein extrem schlechter Verlierer – und ich bin ganz

schrecklich darin, gegen Hanni zu verlieren. Nicht deshalb, weil sie eine Frau ist, sondern deshalb, weil sie *meine* Frau ist. Weil eine Niederlage ständig präsent ist und einem unter die Nase gerieben wird. Und weil meine Frau Siege nicht mit Tänzen, Jubel oder geballten Fäusten feiert, sondern mit diesem mitleidigen Lächeln, das einen nur noch wütender werden lässt. Meine Frau ist eine ganz schlimme Gewinnerin.

Außerdem geht es bei dem Spiel, das ich gerade verloren habe, um einen ewigen Streit zwischen Männern und Frauen, zu dem in jedem Jahr eine neue Studie mit aktualisiertem Ergebnis erscheint, bei dem wir Männer entweder schlecht oder ganz schlecht wegkommen. Es geht um Multitasking und das alte Klischee, dass sich Männer ausschließlich auf eine Sache konzentrieren können – und nicht einmal die anständig erledigen.

Wir haben den Multitasking-Test der University of Glasgow absolviert. Zunächst wurde unsere Ausgangsgeschwindigkeit gemessen, in der wir verschiedene Objekte auf dem Bildschirm identifizieren konnten. Danach wurde es kompliziert, weil wir währenddessen andere Dinge erledigen mussten – das Telefon klingelte, jemand fragte nach der Uhrzeit, wir mussten unsere Schuhe schnüren. Das Ergebnis: Meine Frau war fünfundfünfzig Prozent langsamer als bei der Ausgangsgeschwindigkeit – ich jedoch siebenundsiebzig Prozent. Ich habe verloren.

Der zweite Test: Schlüssel finden, Rechenaufgaben lösen, Restaurants auf einer Karte identifizieren – und dabei Fragen beantworten, die einem jemand über das Telefon stellt. Meine Frau ist insgesamt zwanzig Prozent schneller als ich. Bei der dritten Aufgabe – diesmal geht es um ein Computerspiel, bei dem man einen Ball balancieren, Pfeilen ausweichen und ein Viereck in ein anderes Viereck bugsieren muss – werde ich derart in Grund und Boden gespielt, dass ich auch dann noch verloren hätte, wenn ich doppelt so gut gewesen wäre.

Ich kann verlieren – aber nicht besonders gut.

Kann man Multitasking lernen? Und lohnt sich das überhaupt? Ist das möglich? Oder bin ich dazu genetisch gar nicht in der Lage?

Einen Versuch ist es wert.

Ich bleibe die ganze Nacht wach und übe. Ich steigere den Highscore, so wie ich es damals bei Tetris gemacht habe, bei Basketball-Freiwürfen und mit dem Rubiks-Würfel. Während meine Frau träumt, bin ich aktiv. Jede Nacht. Ich bin ein Hamster des Multitasking, der sich bei Dunkelheit in sein Rad begibt und kräftig zu laufen beginnt. Ich werde besser und besser und fühle mich vier Wochen später bereit für den lang ersehnten Rückkampf.

Doch: Ich verliere schon wieder. Alle drei Partien. Deutlich. Eine sogar höher als vor vier Wochen.

»Aber ich habe doch geübt! Nächtelang!«

»Ich weiß«, sagt Hanni: »Wenn du nachts aufstehst, dann machst du einen Lärm wie ein Wasserbüffel in einer Glockenfabrik.«

Sie hat doch nicht ...

»Aber ich bin besser geworden!«

Sie wird doch nicht ...

»Ich weiß – weil du deine Bestleistungen nicht gelöscht hast. Ich wusste, dass du hinter meinem Rücken trainiert hast.«

Sie kann doch nicht ...

»Was? Aber: Wie?«

Sie setzt den gelangweilten Blick eines Teenagers auf, der seinen Großeltern erklären muss, was Twitter ist.

»Wenn du im Basketballtraining warst oder auf Terminen, habe ich auch ein bisschen geübt. Ich habe meine Bestleistungen gelöscht, damit du nichts merkst. Und: Ich habe geübt, während ich nebenbei mit Freundinnen gechattet oder meine Mails gecheckt habe. Du aber hast dich konzentriert und bist immer noch schlechter.«

Ich wurde nicht nur besiegt – ich wurde ganz gewaltig abgezockt.

Frauen sind uns nicht nur überlegen, wenn es darum geht,

mehrere Aufgaben gleichzeitig zu erledigen – sie sind auch ganz hinterfotzige Gestalten. Wie konnte sie nur hinter meinem Rücken üben? Ich kann verlieren – aber nicht besonders gut.

Und ich weiß jetzt: Wir Männer werden niemals so alt, wie uns Frauen beim Multitasking aussehen lassen.

Kapitel 21

Die Sache mit dem Einkaufen

Ich kann nicht atmen. Ich kann die Arme nicht höher heben als bis zu den Hosentaschen und meine Beine nicht weiter anwinkeln als zwanzig Grad – doch anscheinend gehört das alles zum Plan, denn der Mann neben mir sagt: »Atmen Sie nicht tief ein, heben Sie die Arme nicht höher als bis zu den Hosentaschen, und gehen Sie nicht in die Knie. Aber glauben Sie mir: Sie sehen hinreißend aus.« Ja, er sagt wirklich hinreißend. Nicht einmal bei meiner Hochzeit hat jemand gesagt, dass ich hinreißend aussehe.

Dieser nette junge Mann ist Berater in einer Boutique. Ich habe in dreißig Minuten ein wichtiges Abendessen, mein Koffer hat ganz offensichtlich eine Verabredung am Flughafen einer anderen Stadt. Ich brauche möglichst schnell möglichst schicke Klamotten, weshalb ich bei dieser Gelegenheit gleich mehrere Aufgaben erfüllen kann, die ich von Frauen bekommen habe: Ich werde eingekleidet von einem Profishopper – und ich habe noch nicht einmal auf ein Preisschild gesehen.

Jeaux – ich bin mir sicher, dass er in Wirklichkeit »Joe« oder »Joseph« heißt, aber er hat bei der Begrüßung seinen Namen extra buchstabiert, also halte ich mich mit Vermutungen lieber zurück – hat mich nicht gemessen, sondern nur einmal von oben bis unten betrachtet, so wie die Besatzung in *Star Trek* immer Außerirdische scannt und dann alles über sie weiß. Dann hat er Hosen und Hemden und Jacken gebracht und mich dazu aufgefordert, verschiedene Kombinationen zu probieren. Er zeigte dabei jeweils auf ein Kleidungsstück und schnippte mit dem Finger, dann schickte er mich mit dem linken Zeigefinger in die Umkleidekabine.

Ich wollte zunächst protestieren, weil die Weite der Hose mit 32 gekennzeichnet war – diese Zahl habe ich auf einer Hose von mir zuletzt im Alter von achtzehn Jahren gesehen. Auf dem Hemd ist *Slim Fit* vermerkt, in meinem Fall ein Widerspruch in sich selbst. Ich probiere nicht an, ich zwänge mich hinein und fühle mich wie die Füllung der Gans an Weihnachten. Wahrscheinlich sitzt Jeaux gerade in seinem Büro, lacht über die Aufnahmen der Kameras und stellt sie dann bei YouTube mit dem Titel »Wasserbüffel bei der Kleiderprobe« ein.

Es ist unbequem und sorgt für Atemnot und Bewegungsarmut gleichermaßen. Aber es passt. Irgendwie.

Jeaux rollt mit den Augen, als ich ihm das mitteile. »Bequem kannst du es dir später auf der Couch machen, da kannst du auch wieder atmen und dich bewegen. Jetzt willst du gut aussehen. Wenn das einfach wäre, dann würde es jeder machen.« Zwei Schnipper und ein Fingerheben – und schon probiere ich das nächste Outfit. Insgesamt gibt es acht verschiedene Varianten. Wie damals als Teenager.

Meine Mutter nämlich hielt es für eine gar wunderbare Idee, dass ich die gebrauchten Klamotten meines Bruders tragen könnte. Natürlich macht das Sinn, doch für einen Jugendlichen bedeutet es nichts anderes als eine optische Wurzelbehandlung. All die Einzelkinder und Erstgeborenen präsentierten sich nach den Sommerferien in neuen Anziehsachen, während die anderen in die Klamotten ihrer Geschwister gestopft wurden. Die waren entweder viel zu groß oder bereits zu klein. Dieser kurze Moment, in dem einem die Sachen wirklich passen, das sind die sechs Wochen Ferien, in denen einen keiner sieht.

Fashion Victims sind nicht die Menschen, die jedem Trend folgen. Es sind Menschen, die gleichgeschlechtliche ältere Geschwister haben.

Es gibt die von der Mutter als vollkommen akzeptabel bezeichneten Größen »Da wächst du schon noch rein« und »Ein bisschen kurz, aber das geht noch« – was nichts anderes bedeutet, als dass man entweder im Zirkuszelt oder bauchfreien Oberteil herumläuft und von seinen Freunden verspottet wird. Außerdem sind Batikshirts mit V-Ausschnitt und hellblaue Karottenjeans derart außer Mode, dass Gespräche mit hübschen Mädchen ausgeschlossen sind, weil sie schon beim Annähern das Weite suchen, um nicht blind zu werden.

Vor allem die Geht-schon-noch-Phase war schrecklich, weil sie bedeutete, dass der Bewegungsradius eingeschränkt war und man beim Fußball im Pausenhof ständig aufpassen musste, den anderen nicht Bauch und/oder Pofalte zu präsentieren. Das Fatale war, dass niemand dem Vererbungswahn durch mutwillige Zerstörung entkommen konnte, weil im Keller stets neue nach Bruder riechende Klamotten in Kisten warteten. Ich glaube, dass jeder Zweitgeborene schon mal vor dem Einschlafen den lieben Gott um einen Wasserrohrbruch oder zumindest ein kleines Feuer im Keller gebeten hat. Und vielleicht sogar eins gelegt hat.

Wie einfach ist dagegen das Leben als männlicher Erwachsener, es gibt eigentlich nur noch zwei Kleidergrößen – in meinem Fall sind das bei Oberteilen L (ein bisschen enger) und XL (ein bisschen weiter) und bei Hosen 34 (Sommer) und 36 (Winter). Ich muss noch nicht einmal anprobieren, sondern nehme im Geschäft einfach je nach Jahreszeit die Version des Kleidungsstücks mit, das mir gerade gefällt.

Bei Frauen ist das anders, wie ich beim Durchsuchen des Kleiderschranks meiner Frau bemerke. Ich würde ihre Figur als *kurvenreich und zierlich* bezeichnen, was die Modeindustrie je nach Designer vollkommen anders sieht. Victoria's Secret etwa definiert Hanni als zierlich und erlaubt ihr T-Shirts der Größe S. H&M dagegen ist ein bisschen strenger und fordert bei manchen Varianten ein M. Die Sportmarke lululemon will ganz offenbar mit ihren Kleidergrößen für einen Tritt in den

Arsch sorgen und schreibt deshalb in Hannis Shirts ein L – und Abercrombie & Fitch will meiner Frau mitteilen, dass sie ein Pottwal ist, und lässt sie nur in ein XL passen.

All diese Shirts, ich habe nachgemessen, sind exakt gleich groß.

Das ändert nichts an der Tatsache, dass Frauen anders einkaufen als Männer. Das ist nicht nur eine Vermutung von mir, ich habe mir das von meinen Auftraggeberinnen bestätigen lassen. Wenn eine Jeans todschick ist und deutlich reduziert, dann wird sie gekauft, auch wenn das einzige verfügbare Exemplar zwei Nummern zu klein ist – weil die Käuferin ja ohnehin abnehmen wollte. Dass diese Jeans dann zwei Jahre lang als Mahnmal im Schrank hängt? Egal. Ähnlich verhält es sich mit im Winter gekauften Bikinis und Cocktailkleidern im Sommerschlussverkauf. Beide Sachen hängen dann unberührt und als schlechtes Gewissen neben der Jeans.

Im Internet funktioniert das ähnlich, oder warum wundern sich Männer immer wieder, dass im Warenkorb bei allen Onlineshops stets fünfzehn Artikel liegen? Die werden zu neunzig Prozent nicht bestellt – und wenn, dann nur, weil ein Mann zufällig auf den Bestell-Button drückt, weil er sich eine billige Sonnenbrille kaufen wollte. Zwei Tage später stehen dann sechs Pakete vor der Haustür. Habe ich nun dreimal erlebt, seitdem überprüfe ich den Warenkorb täglich.

Ich habe das nie verstanden, bis zu diesem Moment in dieser Boutique. Ich trage eine schwarze Jeans, dazu ein schwarzes Hemd der Größe XXL Slim Fit und ein graues Sakko mit schwarzem Kragen und schwarzem Einstecktuch. Jeaux schließt den obersten Knopf des Hemdes und schnürt damit sämtliche Atemwege ab; dann wirft er mir einen grauen Schal um und setzt mir einen grauen Hut auf. Ach ja: Er hat mir bunte Ringelsöckchen verpasst, die – wie ich später feststellen werde – ungefähr so viel kosten wie das Hemd. »Perfekt«, sagt er. Ich fühle mich alles andere als perfekt – bis mir Jeaux erlaubt, mich im Spiegel zu betrachten.

Ich sehe so aus, als hätte ich gerade sieben Kilo abgenommen (und damit nur noch ein paar zu viel – aber der Papikörper ist ja gerade voll im Trend), der Schal verdeckt meinen doch recht groß geratenen Hals, das Sakko die kleinen Fettpölsterchen um die Hüften. Ich bin begeistert und würde Jeaux gerne umarmen, doch kann ich meine Arme leider nicht hoch genug heben. Und da ich mir ohnehin vorgenommen habe, bald eine Diät zu beginnen und mehr Sport zu machen, werden mir diese Klamotten auch irgendwann einmal ohne Atemnot passen.

Der Abend verläuft grandios, die Socken sorgen tatsächlich für die größte Begeisterung. Ich werde durch die Enge der Klamotten gezwungen, mich nicht wie ein Fragezeichen auf dem Stuhl zu fläzen, sondern gerade zu sitzen – nur die Frau mir gegenüber ist ein wenig irritiert, weil ich andauernd mit ihr zu füßeln versuche. Aber nur, weil ich die Beine nicht anwinkeln kann.

Ich verstehe, warum Frauen das tun: Es geht nicht darum, an diesem einen Abend gut auszusehen, das ist nur der Nebeneffekt. Es geht beim optimistischen Kauf von Klamotten auch um ein hoffnungsfrohes Versprechen an sich selbst, eine Motivationshilfe und die Illusion einer gesünderen Zukunft mit weniger Süßigkeiten und mehr Sport.

Ich werde nie mehr darüber lästern, denn: Diese wunderbare Hose der Größe 32, dieses Slim-Fit-Hemd und auch das Jackett hängen seit exakt einem Jahr unberührt in meinem Kleiderschrank, als warnende Mahnmale und Versprechen auf eine bessere Zukunft. Nur die Ringelsöckchen, die ziehe ich hin und wieder an.

Kapitel 22

»Fühle wie eine Frau!«

Ich habe kürzlich eine Studie und eine Umfrage gelesen, die einzeln betrachtet sehr viel Sinn ergeben, mich in Kombination doch arg verwirren. Die Studie handelt davon, dass Frauen Orgasmen intensiver erleben und dass sie deshalb Sex eher genießen können als Männer. Die Umfrage wollte von beiden Geschlechtern die Lieblingstätigkeit wissen: bei Männern stand Sex auf Platz eins, bei Frauen jedoch nur auf Platz fünf – nach Shoppen, Schlafen, Essen und Fernsehen.

Ich rätsle seitdem: Was, liebe Frauen, müsst ihr beim Shoppen, Schlafen, Essen und Fernsehen fühlen?

Die Natur hat uns Menschen ein paar wunderbare Dinge geschenkt. Sonnenuntergänge am Meer zum Beispiel. Oder die Fähigkeit, einen anderen Menschen als Freund zu sehen. Oder die Erkenntnis, dass sich Hopfen, Malz und Wasser zu einem herrlichen Getränk mischen lassen. Das größte Geschenk der Natur an die Menschen allerdings ist der Spaß, den sie dabei haben können, den Fortbestand ihrer Spezies zu sichern – und weil der Mensch gerne Spaß hat, hat er sich gedacht, dass er seinen Mitmenschen doch unbedingt mitteilen muss, wie das funktioniert mit dem Spaßhaben. Also hat er Magazine erfunden, um den unwissenden Exemplaren zu erklären, was sie zu tun haben, damit das mit dem Spaß funktioniert.

Es gibt Ikea-Kataloge der Sexualität mit Anleitungen für den Mann, wie er seiner Liebhaberin zu vier Orgasmen pro Abend verhelfen kann. Oder die Version für Frauen, in der sie erfahren, wie sie ihren Liebhaber dazu bringen können, ihr unbedingt vier Orgasmen pro Abend verschaffen zu wollen. Es gibt aber auch »Bedienungsanleitungen«, in denen Frauen als »Geräte« bezeichnet werden, die auf »den optimalen Gebrauch« vorbereitet werden müssen. »Sex-Tipps der Trainer« heißt ein Kapitel in einem Buch, ein anderes ist mit »Endlich mehr Sex: Leitfaden für scharfen Sex« umschrieben.

Man fragt sich dann doch, warum es trotz all dieser Hilfe immer wieder vorkommt, dass der Mensch beim Sex so verzweifelt wie beim Aufbau der eben gekauften Couch.

Wie Menstruation und Wehen ist Sexualität ein Gebiet, bei dem der Versuch des Verstehens an seine Grenzen stößt. Ich kann mir nicht vorstellen, was eine Frau erlebt – und es gibt für mich keine Möglichkeit, es nachzuempfinden. Ich würde es tatsächlich gerne erleben, wie das ist, als Frau Sex zu haben. Geht aber nicht.

Man könnte natürlich humoristisch an die Sache herangehen und die Unterschiede durch die zehn Sätze verdeutlichen, die jeder Mann und jede Frau schon mal während des Sexualaktes gedacht haben.

Die von Männern sind:

- »Krampf! Krampf! Krampf! Meine Wade! Krampf! Egal!«
- »Okay, so funktioniert das nicht – einer bewegt sich, der andere hält still. Sonst ist es wie bei einer Autotür, bei der beide versuchen, sie mit der Fernbedienung zu öffnen.«
- »Warum funktioniert das nicht? Im Porno dreht die Frau bei der Bewegung auch ab…«
- »War das Geräusch jetzt echt? Nein, sicher nicht! Macht sie das, weil sie mich mag – oder weil sie will, dass es schnell vorbei ist?«
- »Oh, Shit, habe ich gerade Haare ausgerissen?«
- »Sag was Romantisches! Sag was Romantisches! Sag was Romantisches!«

- »Ich habe mich nur ein bisschen bewegt, und sie stöhnt – ich bin ein Sexgott!«
- »Oh Mann, ich habe gerade Riesenhunger. Ist noch Pizza da? Warum denke ich genau jetzt darüber nach?«
- »Ich komme gleich. Mist! Also schneller…«
- (20 Sekunden danach) »Uuuuuund, ich schlafe ein!«

Und die der Frauen:
- »Nein, das ist nicht meine Vagina! Nein, das auch nicht.«
- »Nun beweg dich endlich in meinem Rhythmus…«
- »Okay, das hat er jetzt aus einem Porno.«
- »Nein, das Geräusch war jetzt nicht echt – aber das hat er hoffentlich nicht bemerkt.«
- »Shit, das waren meine Haare!«
- »Hat er gerade gesagt, dass er meine Brüste cool findet?«
- »Au! Au! Au! Beweg dich wieder in die andere Richtung!«
- »Oh Mann, ich habe gerade Riesenhunger. Ist noch Pizza da? Warum denke ich genau jetzt darüber nach?«
- »Ich komme gleich! Nein, nicht schneller – mach einfach so langsam weiter…«
- (30 Sekunden danach) »Schläft der jetzt wirklich schon? Beneidenswert.«

Das wird dem eigentlichen Problem aber nicht gerecht. Männer können nicht wissen, was eine Frau tatsächlich fühlt – und Frauen nicht, was Männer empfinden. Nur weil das Billy-Regal am Ende steht, bedeutet das noch lange nicht, dass uns der Aufbau wirklich Spaß gemacht hat – oder dass das Ding nicht innerhalb der nächsten fünf Minuten in sich zusammenfällt.

Ich hatte den zunächst recht genial klingenden Einfall, doch jemanden zu befragen, der beide Varianten bereits erlebt hat: einen Menschen, der zunächst als Mann gelebt hat und nun als Frau lebt. Ich will jetzt keinesfalls ein kompliziertes Gender-Fass aufmachen, das ich danach nicht leer trinken kann – dafür gibt es bereits ausreichend Literatur. Ich treffe Adrienne, die bis zu ihrem einundzwanzigsten Lebensjahr Adrian hieß.

»Ich weiß es nicht«, sagt sie, als wir über Sexualität sprechen. »Ich weiß nicht, ob sich etwas verändert hat. Ich weiß auch nicht, ob ich mich damals als Mann gefühlt habe – und ob das, was ich jetzt fühle, als typisch weiblich gelten darf.« Dann sagt sie einen wichtigen Satz: »Ich weiß nicht, ob es so etwas gibt: weibliche Sexualität und männliche Sexualität. Das sind zu große Kategorien. Jede Frau ist anders, jeder Mann ist anders.« Eine Typisierung mit anschließender Gebrauchsanweisung funktioniert nur bei Dingen, die exakt gleich konstruiert sind wie Regale von Ikea. Ansonsten ist sie sinnlos.

Was für eine wunderbare Erkenntnis.

Ich weiß nicht, was Frauen beim Sex fühlen. Ich weiß noch nicht einmal, was meine eigene Frau beim Sex fühlt. Ich weiß nur, dass es Dinge gibt, die ihr vor fünfzehn Jahren gefallen haben und heute nicht mehr. Dass sie nun andere Sachen mag. Dass sich also ihre Vorlieben und Gefühle verändert haben und ich nicht jeden Tag das gleiche Regal nach der gleichen Bedienungsanleitung aufbauen muss – sondern stets etwas Neues erleben darf und damit etwas Neues lernen muss.

Auch das hat die Natur, zumindest in meinem Fall, ziemlich gut hinbekommen. Was ich jedoch noch immer nicht kapiere: Was Frauen beim Shoppen, Schlafen, Essen und Fernsehen fühlen.

Kapitel 23

Von Futterneid und anderen Dingen

In die Brust? In den Hals? Oder doch direkt zwischen die Augen? In welches Körperteil soll ich meiner Frau die Gabel rammen? Ich will sie nicht töten, sondern ihr nur wehtun, als würde sie mit dem Zeigefinger auf eine eingeschaltete Herdplatte fassen – schließlich hat sie all meine Warnungen ignoriert und es zum mittlerweile 934. Mal gemacht. Ich will, dass sie aufhört. Sie hat von meinem Teller geklaut, was im männlichen Strafgesetzbuch zwischen Fremdgehen und Einen-Kratzer-ins-Auto-Fahren vermerkt ist. Sie hat noch nicht einmal um Erlaubnis gefragt, ein »Mhm, sieht das lecker aus« ist keine Frage, sondern eine Feststellung – zumal sie das nicht vorher sagt, sondern währenddessen.

Zu diesem Zeitpunkt erwäge ich noch einen kleinen Pikser in ihre Hand – doch dann präsentiert sie die widerwärtigste Form des Essensdiebstahls: Sie kombiniert das Subtrahieren einer Köstlichkeit von meinem Teller mit dem Versuch, mir dafür ein schlechtes Gewissen einzureden. Sie stülpt sich zwei Kartoffelecken auf die Gabel, zwei meiner Kartoffelecken, sie sagt dabei: »Du weißt doch, dass ich nichts Frittiertes essen wollte diesen Monat!« Dann schüttelt sie tadelnd den Kopf und nimmt sich gleich noch eine kleine Kartoffel. Ein Stück Fleisch, drei Kartoffeln. Für Männer ist das ein Mordmotiv.

Da lernt man diesen wunderbaren Menschen kennen, der attraktiv ist und sexy und verständnisvoll – und man ist überglücklich, dass dieser Mensch so nett ist, sein Leben mit einem zu verbringen. Es gibt Tage, an denen ich glücklich bin, mit dieser Person verheiratet zu sein. Heute ist keiner dieser Tage.

Ich habe nichts gegen Futterneid, das ist eine absolut menschliche Eigenschaft. Ich finde auch, dass das Fleisch auf dem anderen Brötchen immer ein bisschen saftiger aussieht. Nur würde ich mich nie erdreisten, einen guten Freund um ein Stückchen zu bitten oder ohne Genehmigung in seinen lukullischen Luftraum einzudringen. Ich weiß, dass er wie ich den Verzehr seines Essens mit chirurgischer Präzision geplant hat: Männer scannen den Teller, eliminieren eventuelle Ungleichheiten – was Frauen oft mit Hineinschlingen umschreiben, eine himmelschreiende Ungerechtigkeit und Zeichen für mangelnde Sensibilität gegenüber unserer Präzision bei der Nahrungsaufnahme. Wir sorgen für eine perfekte Fleisch-Beilage-Gemüse-Harmonie. Eine geklaute Fritte macht alles kaputt.

Statt Bestrafung versuche ich es heute, ich will ja das Verhalten von Frauen verstehen, mit einem geschickten Konter. Ich will zwar nicht unbedingt etwas von dem haben, was da auf ihrem Teller herumliegt – Lachs und grüner Spargel auf Kartoffelstampf –, aber ich habe das Gefühl, mir durch den Diebstahl von Püree ein wenig des Gleichgewichts wiederherstellen zu können.

Sie tut so, als hätte sie nicht einmal etwas bemerkt, also überlege ich, was ich nun stehlen könnte, ohne mein eigenes Gleichgewicht zu gefährden. Also Lachs, Spargel und Kartoffelbrei gleichzeitig; ich wühle auf ihrem Teller, dass es selbst die Gäste am Nebentisch bemerken. Meine Frau sieht mich nur gleichmütig an und sagt: »Oh, nimm dir ruhig mehr – ich schaffe es eh nicht.«

Kennen Sie diese Augenblicke, in denen einen Verständnis nur noch verzweifelter macht? Dieser Blick des Lehrers bei der Rückgabe einer Klassenarbeit, der nicht wütend oder genervt oder gar amüsiert ist – sondern der einem mitteilt, dass selbst er kapiert hat, dass nun Hopfen und Malz verloren sind? Den erlebe ich gerade. Ich will sagen: »Natürlich schaffst du deine Portion nicht, weil du ein Drittel meiner Sachen in dich geschlichtet hast! Das ist keine Hexerei. In deinem Magen liegen Steak und Fritten, da passt kein Lachs mehr hinein.«

Ich sage: »Wunderbar, dann werde ich vielleicht auch mal satt.« Mein Teller ist mittlerweile leer, also esse ich von ihrem – was mir zuwider ist, weil ich bereits bemerke, dass am Ende ein Stück Spargel übrig sein wird. Wenn es um die Verteilung von Essen auf einem Teller und den möglichst effizienten Verzehr geht, dann bin ich eine Mischung aus Sheldon Cooper und Rain Man. Ich nehme schnell viel Spargel, um nicht wahnsinnig zu werden.

Ihre Antwort: »Wow, ein 350-Gramm-Steak und dann noch Lachs. Und du prügelst dir den Spargel rein – ganz schön hungrig, der Herr!« Sie garniert die Aussage mit dem Und-dann-stehst-du-auf-der-Waage-und-wunderst-dich-Blick. Wie schon gesagt: Heute ist nicht einer dieser Tage, an denen ich gerne verheiratet bin.

Wir schaffen es beide lebend nach Hause. Weil sie ihren Kuchen im Restaurant bestellt und gegessen hat. Und ich meinen mit nach Hause nehme und mit ihr teilen werde. Natürlich. Sie wird beginnen mit der Bitte um ein klitzekleines Stückchen zum Probieren und sich zunächst beschweren, dass die angebotene Portion doch viel zu groß sei.

Nun gibt es zwei Varianten: Sie sagt nichts und bedeutet mir dadurch, dass ihre Geschmacksnerven nicht reagiert haben und sie deshalb keinen weiteren Bissen haben will. Das wäre der Jackpot.

Oder sie sagt: »Mhhhhhhhhhhm!«

Wir alle wissen, wie das ausgeht – mit einer Gabel in der Hand meiner Frau und dem Kuchen in ihrem Mund.

Ganz ehrlich: Ich verstehe das nicht. Nein: Ich! Verstehe! Das! Nicht!

Warum kann sie nicht einfach bestellen, was immer sie

möchte? Und warum bestellt sie nicht noch einen Kuchen für daheim?

Als ich meine Frau danach frage, sieht sie mich an, als hätte ich ihr gerade gesagt, dass ich nicht verstehe, warum man beim Fußball einen Ball braucht.

Sie beschreibt ihr Verhalten, so wie mir einst meine Französischlehrerin in der neunten Klasse den Unterschied der Apostrophe verdeutlichte und mir beizubringen versuchte, wie man *aujourd'hui* schreibt. Sie gab mir dann ein Diktat mit vierzigeinhalb Fehlern zurück (selbst die Hälfte der Fehler wäre noch eine Sechs gewesen) mit diesem resignierenden Blick. Es waren *houblon* und *malt* verloren bei mir.

»Es gibt bei Frauen zwei wichtige Regeln zum Thema Ernährung«, sagt Hanni. »Die erste und wichtigste ist: Wenn du etwas isst und niemand hat dich dabei gesehen, dann hat es keine Kalorien. Das bedeutet, dass nur die Sachen als gegessen gewertet werden, die ich auch wirklich bestellt habe – und ich natürlich angeben kann, beim Lachs nur eine Dreiviertelportion gegessen zu haben, weil du ja mitgeholfen hast. Hättest du übrigens beim Kuchen im Restaurant auch machen können, dann hätte ich nicht das komplette Stück aufschreiben müssen.«

Es ist keine sinnvolle Logik. Aber eine, die ich verstehe.

»Wichtig ist das Aufschreiben, der für Frauen so immens wichtige Beweis, sich gesund und bewusst zu ernähren. Natürlich führen wir Listen, die wir mit denen der Freundinnen vergleichen – und wer will schon, dass auf einer Liste *Steak und Kartoffeln* steht. Das wäre Unsinn. Listen gehören zur Dauerdiät, die jede Frau macht. Jede Frau will abnehmen. Immer. Eine dürre Frau fühlt sich mollig. Eine mollige Frau fühlt sich dick und so weiter. Aber keine Frau glaubt daran, dass weniger essen und mehr Sport der Schlüssel zur besseren Figur sind. Eine Frau will hören, dass es da diese neuartige Superdiät gibt, die einen schnell mal zehn Kilo abnehmen lässt und auch langfristig erfolgreich ist. Diese Spinat-und-Abführmittel-plus-Vitamin-und-Hautroll-Diät, bei der man sich nebenbei eben auch ein bisschen gesünder ernähren und ein bisschen Sport treiben sollte.«

Okay, das sehe ich als Mensch, der mal innerhalb eines Jahres vierzig Diäten probiert hat, durchaus ein. Und der beim nächsten Französischdiktat nur noch achtzehn Fehler hatte. War immer noch eine Sechs, aber immerhin. Ich kann lernen.

»Nun kommt es aber zum Bestellen: Du bestellst, was du willst. Ich dagegen muss die Karte ungefähr dreißigmal auswendig lernen und nebenbei die Kalorien zählen. Ich will wissen, was die anderen bestellen – ich will nämlich nicht die sein, die sich die Calzone bestellt und dadurch als verfressen gilt. Ich will aber auch nicht die Einzige mit Salat sein; sonst heißt es, da befindet sich aber jemand auf ganz strenger Diät. Deshalb teilen Frauen so gerne, wenn sie alleine ausgehen. Dann muss niemand ein schlechtes Gewissen haben.«

Für Frauen, so scheint es, ist Essen nicht nur Nahrungsaufnahme und vielleicht auch Genuss. Es ist ein Wettbewerb mit sich selbst und anderen in den Disziplinen Selbstkasteiung, Selbstmitleid und Selbstbelügen.

»Damit sind wir bei Regel zwei: Es kommt immer darauf an, *wer* sieht, was wir essen. Ein Mädchenabend besteht vielleicht in eurer Fantasie aus einer Kissenschlacht in pinken Pyjamas, in Wirklichkeit aber bestellen wir Pizza mit extra viel Käse; wir fressen mindestens acht Sorten Häagen-Dazs-Eis und benehmen uns, wie sich Männer in der Öffentlichkeit benehmen. Aber: Beim Treffen mit anderen Müttern, um eine Benefizveranstaltung zu besprechen, da bestellen wir frisch gepressten Orangensaft und ein Auberginen-Sandwich, dazu vegane Kekse. Nur wer uns wirklich kennt, der darf erfahren, dass wir uns nicht nur von Salat ernähren.«

Es ist also auch Selbstverleugnung, Selbstbetrug und Selbstbeweihräucherung.

»Das führt zur zweiten wichtigen Regel der weiblichen Ernährung: Süßwaren haben deutlich weniger Kalorien, wenn sie häppchenweise eingenommen werden – das Ganze ist dann viel weniger als die Summe der Einzelstücke. Also wird der Kuchen im Büro in briefmarkengroße Stücke geschnitten. Da kommt zum einen das Ende von Regel eins ins Spiel: Keine will als die Verfressene gelten, die ein ganzes Stück Kuchen isst – durch kleine Stückchen darf jede die Disziplinierte sein. Und ein im Vorbeigehen genommenes Stückchen fällt natürlich ebenfalls unter Regel eins: Es hat niemand gesehen.«

Das klingt tatsächlich nach Arbeit. Ich verstehe, was Frauen da machen – ich habe jedoch keinen Dunst davon, warum sie das machen. Aber ich will es wenigstens einmal im Leben versucht haben. So wie ich am Ende meines ersten Französischjahres tatsächlich eine Drei im Zeugnis stehen hatte.

Ich versuche, die Regeln beim nächsten Männeressen zu befolgen – es sind gute Bekannte dabei, aber auch Leute, mit denen ich nur beruflich zu tun habe oder die ich noch nie in meinem Leben gesehen habe. Wir sind in einem Steakhouse.

Ich bestelle wie immer zuletzt, die Leute vor mir haben überaus variabel bestellt, vom Filet Mignon bis hin zum 500-Gramm-T-Bone – und fragen Sie nicht, warum ich mit einem Mann befreundet bin, der ein Filet Mignon ordert. Ich bin mit meiner Wahl, einem 350-Gramm-Ribeye, durchaus zufrieden. Ich sage: »Ich will mich ein bisschen gesünder ernähren. Mehr Sport treiben. Und ich habe da diese tolle neue Diät entdeckt, mit Bittersalz nach dem Aufstehen und diesem Fitnessprogramm, bei dem man beim Gewichtestemmen gerüttelt wird. Da will man plötzlich automatisch weniger essen, deshalb reicht mir das kleinere Steak.«

Sogleich ergreift einer meiner Freunde das Wort: »Oh Mann, das stimmt. Ich müsste auch mal wieder ein bisschen mehr tun – aber ich habe keine Zeit. Wie funktioniert denn das Schüttelstemmen? Geht das dann schneller? Ich habe gehört, dass man dann ein Work-out innerhalb von dreißig Minuten schafft. Das wäre mein Ding. Und das mit den Kräutern nach dem Aufstehen versuche ich auch – ich brauche nicht mal mehr einen Kaffee zum Aufstehen.«

Zwei stimmen zu, einer berichtet von dieser neuen Schwitz-
kur, bei der man nicht einmal mehr Sport treiben muss, sondern sich nach einer schwedischen Massage eine halbe Stunde
lang in ein Dampfbad hocken und danach drei Liter Tee zu
sich nehmen muss. »Das reinigt von innen.« Ein anderer berichtet von Erfolgen durch den Verzicht auf blähenden Alkohol (»Wodka statt Bier, Weißwein statt Whisky«), und kurz
vor dem Essen beschreibt einer seine Erfolge über Saftkuren,
die ihm ins Büro geliefert werden.

Ich wundere mich kurz, ob das hier wirklich ein Männer-
abend ist oder ein Treffen der Veganer-Crossfit-Vereinigung.

Dann wird das Essen gebracht, und ich versuche, an das Be-
stellte meiner Freunde zu gelangen. Fragen werden verwundert
abgelehnt, vorsichtige Avancen mit der Gabel gekonnt abge-
wehrt, flehentliches Bitten schroff abgewiesen: »Hättest du dir
halt das verdammte T-Bone bestellt.« Männer gestatten es anderen Männern beim Essen keinesfalls, sich wie eine Frau zu
benehmen – außer beim Gespräch über Diäten. Da sind Männer und Frauen plötzlich gleich.

Ich bestelle als Nachtisch Minibrownies, die ich in die Mitte
des Tisches stelle. »Bedient euch, ich habe nicht mehr so viel
Hunger.« Wir unterhalten uns noch eine Weile. Dann stelle ich
fest, dass die Brownies weg sind. »Wer hat die Brownies gegessen?«, will ich wissen. Jeder kennt die exakte Anzahl und teilt
sie auch mit. Ich frage: »Also wolltet ihr nicht heimlich Nachtisch essen?« Ich kenne die Antwort, aber ein Freund spricht
sie aus: »Nein, es war da, und du hast gesagt, dass wir zugrei-
fen sollen.«

Ich habe verstanden – und erkannt, dass es keine Lösung
für diesen Konflikt gibt. Frauen werden Fleisch und Beilagen
klauen, sie werden aber auch gerne den Nachtisch mit einem
teilen. Wer das weiß, der kann dementsprechend bestellen
und vielleicht die Order der Partnerin als Kompliment verwenden (»Ach komm, bestell dir doch auch Fleisch, du hast
schon so viel abgenommen in letzter Zeit.«), um doch noch

an mehr Steak zu kommen. Wer versteht, der kann damit umgehen.

Was nicht hilft – und was übrigens nie bei Frauen hilft: Wut, rationale Begründungen und offener Protest.

Denn so wie wir Männer uns wundern, so wundern sich auch Frauen über unsere Gewohnheiten. Aber auch die sind einfach zu verstehen: Für uns ist Essen keine Mischung aus Selbstkasteiung, Selbstmitleid und Selbstbelügen und auch nicht aus Selbstverleugnung, Selbstbetrug und Selbstbeweihräucherung. Es ist eine Kombination aus Nahrungsaufnahme und Genuss. Mit einer Balance aus Steak und Kartoffeln auf dem Teller. Also nimm deine verdammte Gabel von meinem Teller, oder es gibt ein Unglück.

Kapitel 24

Nun lach doch mal!

Was ist der Unterschied zwischen einer Krawatte und einem Kuhschwanz? Der Kuhschwanz bedeckt das ganze Arschloch.

Was macht eine Frau, wenn ihr Mann beim Kartoffelholen die Kellertreppe runterfällt und sich das Genick bricht? Nudeln.

Was ist ein Mann in Salzsäure? Ein gelöstes Problem.

Ist das lustig? Keine Ahnung, kann ich nicht objektiv beurteilen. Rein subjektiv fand ich den ersten Spruch plump, den zweiten doof und den dritten köstlich. Ich habe noch Stunden später darüber gekichert, weil da ja ein Mann in Salzsäure aufgelöst wird und deshalb ... Na ja, gelöstes Problem, Sie wissen schon. Köstlich, oder? Kann man mal drüber lachen. Oder etwa nicht?

Nun ja, in dem Witz wird ein Mann in Salzsäure aufgelöst. Tut das nicht weh? Ist da gar jemand gestorben? Ist das nicht makaber? Soll das lustig sein? Also, ich will ja nun wirklich kein Spielverderber sein und den moralischen und politisch korrekten Zeigefinger heben, aber: Soll das lustig sein?

Aufschrei!

Zunächst einmal sei gesagt, dass jemand, der einen Satz mit »Ich will ja nun wirklich kein...« beginnt, genau das ist, was er ja nun wirklich nicht sein will. Also bin ich in dem Fall erst mal ein Spielverderber – so wie die meisten Menschen fremdenfeindlich sind, die einen Satz mit »Ich will ja nun wirklich nicht fremdenfeindlich sein, aber...« beginnen. Oder wie Majestix, der in den Asterix-Comics sagte: «Mich stören Fremde nicht, solange sie bleiben, wo sie hingehören. Du kennst mich doch, ich hab nichts gegen Fremde. Einige meiner besten Freunde sind Fremde. Aber diese Fremden da sind nicht von hier!«

Dennoch: Aufschrei!

Ich habe diese Witze von der Homepage der Zeitschrift *Emma*. Dort wurden sie vor mehr als zehn Jahren unter der Überschrift »Humor: Die besten Männerwitze« eingestellt. Klar, das ist lange her. Die Seite wurde aber auch nie verändert, aktualisiert oder entfernt. Also sind das nach wie vor die Witze, über die Frauen offensichtlich lachen und die sie sich gegenseitig erzählen.

Finde ich persönlich nicht schlimm, ich fühle mich auch nicht beleidigt oder herabgesetzt. Bei Humor geht es mir wie mit Blut- und Leberwürsten: Wenn es jemandem schmeckt, dann soll er das essen – solange er mich nicht zur Teilnahme zwingt, ist alles in Ordnung. Wenn also jemand über diese drei Witze lachen kann, dann ist das für mich okay. Ich muss ja nicht mitlachen.

Dennoch wird, nicht nur in Deutschland, regelmäßig über Humor debattiert – und vor allem darum: Richtet sich diese Form von Humor gegen jemanden? Und womöglich gar gegen jemanden, der überhaupt nichts dafür kann, dass er zu der Gruppe gehört, die da gerade der Lächerlichkeit preisgegeben wird? Und: Warum lachen wir dann darüber, wenn ein anderer lächerlich gemacht wird?

Humor kann eine bierernste Sache sein – vor allem dann, wenn Menschen debattieren, die von sich selbst behaupten, von der Natur eine ganz dicke Portion abbekommen zu haben. Ich will mich nicht einmischen in diese Debatten, vor allem nicht in jene über Religion. Dafür gibt es Matthias Matussek; die Deutungshoheit über die einzig selig machende Lebensweise will ich ihm nicht nehmen.

Mein Ziel ist nicht der Weltfrieden (obwohl das wahrscheinlich leichter gewesen wäre), sondern das Verstehen von Frauen – beim Humor bin ich jedoch an einem nicht zu überwindenden Graben angekommen, und das aus einem einfachen Grund: Ich war stets der Meinung, dass ein Witz so lange lustig ist, wie sich niemand davon beleidigt oder diskriminiert fühlt. Sobald das aber der Fall ist, sollte sich der Witzeerzähler oder Sprücheklopfer entschuldigen.

Nur war meine Meinung vollkommener Blödsinn. Sie ist nicht nur heutzutage Blödsinn, also zu einer Zeit, in der sich immer irgendjemand über irgendetwas aufregt und sich die komplette mit dem Internet verbundene Welt in einem permanenten Zustand des Shitstorm-Auslösens, des Shitstorm-Beruhigens und – das ist die schlimmste Form – des Über-den-Shitstorm-Diskutierens befindet. Da debattieren die selbst ernannten Sensiblen mit den selbst ernannten Verständnisvollen darüber, wie unsensibel und ignorant die anderen sind.

Debatten sind nie verkehrt, doch hat es gerade heute schon oftmals den Anschein, dass da von Shitstorm zu Shitstorm gestürmt wird – nur deshalb, um von Shitstorm zu Shitstorm zu stürmen.

Was ist lustig?

Es gab da etwa das Posting des Journalisten Tilo Jung zum Weltfrauentag. Eine leicht bekleidete Frau hält die Hand ihres männlichen Begleiters, offenbar will sie ihn zum gemeinsamen Bad im Ozean einladen. Dann ist der Fuß des Fotografen zu sehen, der seiner wehrlosen Begleiterin einen Tritt in den Rücken verpasst, woraufhin sie mit dem Gesicht voraus ins Wasser fällt. Ist das ein amüsanter Kommentar zum Weltfrauentag? Oder ist es einfach nur degoutant? Die Mehrheit der Shitstürmer urteilte: Jung muss sich entschuldigen und die Konsequenzen tragen.

Oder den Skandal um Harald Schmidt, als er vier Bilder (eine Ausgabe von *Emma*, eine Kloschüssel, Eierlikör und das Foto einer Moderatorin) hochhält und sagt, dass die Gemeinsamkeit darin bestünde, dass kein Mann sie freiwillig anfassen würde. Ist das lustig?

Es gibt aber auch die beiden Komikerinnen Kate Micucci und Riki Lindhome, die unter dem Namen Garfunkel & Oates das Lied »The Loophole« veröffentlicht haben. Es geht darum, dass eine Jungfrau ihren Freund auffordert, analen Geschlechtsverkehr zu haben, weil das laut Bibel ihre Jungfräulichkeit nicht zerstören würde. »Fuck me in the ass 'cause I love Jesus – the good lord would want it that way«, heißt es im Refrain. Ist das lustig? Ekelhaft? Blasphemisch?

Es gibt die Bücher *Porno für Frauen* und *Porno für Mütter* von Susan Anderson. Darin sind gut gebaute Männer – bisweilen leicht bekleidet und in aufreizenden Posen, manchmal auch mit Baby auf dem Arm – abgebildet, darunter steht das, was Frauen offensichtlich unbedingt hören wollen. Da lehnt also ein Colin-Farrell-Abbild im Feinrippunterhemd lasziv an der Tür und sagt: »Verdammt, siehst du sexy aus in diesen Jogginghosen.« Oder es liegt ein gut gebauter Mann mit nacktem Oberkörper auf dem Bett und sagt: »Schatz, jetzt wirklich: Schlaf noch ein bisschen, während ich aufstehe und das Baby füttere.« Ist das lustig, oder werden da Männer zu Objekten degradiert?

Und natürlich gibt es eine ganze Gattung von Sprüchen, die *Altherrenwitz* heißt und bei der sich Männer über Frauen lustig machen. Also: »Im Bier müssen weibliche Hormone sein – immer wenn ich zu viel trinke, rede ich Blödsinn und kann nicht mehr Auto fahren.« Oder: »Warum trägt eine Frau bei der Hochzeit Weiß? Weil alle Haushaltsgeräte weiß sind.« Oder den hier: »Was war der letzte Funkspruch der Challenger, bevor sie im Weltall explodierte? Ich lasse jetzt mal die Frau ans Steuer...«

Kann man drüber lachen. Kann man aber auch bleiben lassen.

Es gibt beim Geschmack keine Grenzen – der eine legt die Latte hoch, der andere ein bisschen tiefer. Natürlich gibt es Menschen, die mit ihren Sprüchen und Witzen auf jeder Geschmacksskala Limbo tanzen, doch das ist nicht der Punkt, um den es bei den Debatten geht. Es ist das Problem.

Beim Autofahren etwa, da gibt es Gesetze, die regeln, wie schnell jemand fahren darf und wann er auf die Bremse treten darf. Beim Fußball, da gibt es Franz Beckenbauer, der uns allen erklärt, wie das funktioniert mit dem Ball und der Vergabe von Weltmeisterschaften. Aber beim Humor zwischen Männern und Frauen, da gibt es niemanden, keine juristische und auch keine moralische Instanz, die klar regelt, was erlaubt ist und was nicht. Es ist ein Spiel, bei dem die Regeln in jeder einzelnen Situation neu verhandelt werden müssen. Das macht es so verdammt schwer – und so verdammt spannend.

Deshalb werden die Debatten und die Shitstürme weitergehen bis zum Tag des Jüngsten Gerichts – und ich bezweifle, dass sich Gott in die Diskussion einmischen wird. Das traut sich dann noch nicht einmal Gott. In diesem Sinne – entscheiden Sie selbst, ob das lustig ist, gerne auch im Gespräch mit Ihrem Partner: Was macht frau, wenn ein Mann im Zickzack durch den Garten läuft? Weiterschießen.

Kapitel 25

Frauen und Fußball

Nick Hornby, das muss an dieser Stelle gesagt werden, also Nick Hornby ist tatsächlich eine arme Sau. Er hat in seinem Leben zahlreiche wunderbare Sätze geschrieben über die Liebe und das Leben. Zum Beispiel den hier: »Wir alle wenden so viel Zeit dafür auf, nicht zu sagen, was wir wollen, weil wir wissen, dass wir es nicht kriegen können. Und weil es unhöflich wäre, illoyal, kindisch oder banal.« Oder den hier: »Wir können niemals so gut sein, wie wir wollen – also lautet die Frage: Wie gehen wir mit unserer eigenen Schlechtheit um?«

Er ist außerdem einer der ganz wenigen Autoren auf der Welt, denen schriftstellerisches Cross-Gender gelingt; er kann also ganz wunderbar aus Frauensicht schreiben. Der Mann war erst Fußballversteher, dann Männerversteher und nun gilt er als Frauenversteher. »Ich habe mich daran gewöhnt, dass ich immer irgendwas genannt werde«, sagt er und legt Wert darauf, dass es »absolut lächerlich« sei, als Stimme einer kompletten Generation bezeichnet zu werden.

Es wird aber auch immer wieder dieser eine Satz aus *Fever Pitch* zitiert, nach dem sich ein Mann auf genau gleiche Weise in den Fußball verliebt wie später in eine Frau. Natürlich ist das Quatsch, weil man sich in Frauen immer wieder neu verlieben kann, man kann eine einst geliebte Frau nicht mehr mögen und die Beziehung beenden. Liebe zu anderen Menschen, das ist oftmals eine zeitlich begrenzte Angelegenheit. Liebe zu einem Sportklub dagegen, die hält ewig. Niemand kann mit seinem Lieblingsverein Schluss machen.

Ich bin in Fußball verliebt und leider auch in Werder Bremen. Ich mag, das gebe ich zu, nur Männerfußball. Frauenfußball ist mir egal. Ich weiß noch nicht einmal, ob das Frauenteam von Werder Bremen in der Bundesliga spielt. Ich weiß noch nicht einmal, ob Werder überhaupt eine Frauenmannschaft hat. Finde ich nicht schlimm, ich interessiere mich auch nicht für Rodeln, Zehntausend-Meter-Lauf und Autorennen. Ich habe nichts gegen diese Sportarten, ich will nur nicht zusehen.

Ich muss niemandem erklären, warum ich mir Wettbewerbe im Rodeln, Laufen oder Autofahren nicht ansehen möchte. Es will auch niemand wissen, warum ich beim Tennis lieber Männerspiele sehe als die von Frauen, warum ich mich beim Eiskunstlauf und der rhythmischen Sportgymnastik eher für Frauen interessiere und warum beim Beachvolleyball mein Interesse auf beide Geschlechter gleichermaßen verteilt ist. Ich würde mir auch niemals neunzig Minuten der Männerfußballpartie Paderborn gegen Wolfsburg ansehen. Wieder fragt niemand nach dem Grund, alle nicken zustimmend, insofern sie nicht aus Wolfsburg oder Paderborn kommen.

Nur beim Frauenfußball werde ich stets darum gebeten, mein Desinteresse zu begründen, als wäre ein genetischer Defekt dafür verantwortlich. Dabei finde ich meine Haltung politisch korrekt und auch moralisch vertretbar, weil sie die Einzigartigkeit von Frauenfußball anerkennt. Und mich diese Einzigartigkeit nicht interessiert. Wie die Einzigartigkeit des Rodeln und des Zehntausend-Meter-Laufs. Nun aber werde ich durch das Projekt, Frauen zu verstehen, von meinem Expertenkomitee aufgefordert, Frauenfußball zu verteidigen. Kann ich nicht! Weil es nichts zu verteidigen gibt. Es klagt ja auch niemand an.

Klar, es ist der gleiche Sport, das gleiche Spielfeld, der gleiche Ball. Aber ein Vergleich ist so, als würde man Paris und Peking vergleichen, nur weil es beides große Städte sind. So ist der

Mensch, er will dauernd vergleichen. Wenn er gerade in New York im Urlaub ist, dann vergleicht er das mit seiner Kleinstadt daheim, auch wenn das ein für beide Städte ungerechter Vergleich ist. Er vergleicht seinen aktuellen Partner mit den vergangenen, er vergleicht Fernsehsendungen und Abendessen.

Also gut, ein Vergleich: Männerfußball der 60er-Jahre und Männerfußball heute, das sind auch zwei verschiedene Sportarten. Der Männerfußball der 60er sieht so aus, als würde man ein Männerspiel von heute in Zeitlupe abspielen. Ich finde auch den Männerfußball der 60er langweilig und sehe mir kein Spiel aus dieser Zeit freiwillig neunzig Minuten lang an – deshalb schwärmen doch alle von den total großartigen Partien von damals: Sie haben ja auch nur diese grandiosen fünf Minuten mit vier Toren gesehen und den langweiligen Kick mit Ballgeschiebe und Spaziergängen durchs Mittelfeld und Schnauzbartparade beim Stellen der Mauer in den fünfundachtzig Minuten davor nie durchstehen müssen.

Was ich allerdings viel schlimmer finde als Vergleiche, das sind die Männer, die beim Thema Frauenfußball erst einmal die Hände falten, schwer ein- und ausatmen und dann diesen Satz sagen, den sie auswendig gelernt haben, und sich beim Aussprechen so orgiastisch fühlen wie ein Wanderprediger beim Wunderheilen. Es ist dieser Satz, der vor Selbstgefälligkeit und Selbstgerechtigkeit so trieft wie eine fette Pizza vor Öl: »Aber es ist doch erstaunlich, welche Fortschritte der Frauenfußball in den vergangenen Jahren gemacht hat.«

Dieser Satz ist ebenso eine Frechheit wie die Feststellung, dass ein Mensch »für seine fünfzig Jahre eigentlich ganz gut aussieht«. Das heißt nämlich übersetzt: Eigentlich ist er hässlich und nicht mehr knackfrisch, aber aufgrund des Alters lassen wir ihm das mal durchgehen.

Natürlich sagen Männer diesen Satz nur alle vier Jahre, wenn sie meinen, zu einer derartigen Aussage verpflichtet zu sein, weil irgendwo auf der Welt eine Weltmeisterschaft ausgetragen wird. Sie tun dann so, als würden sie bereits seit

Jahren einen Kreuzzug für den Frauenfußball führen – dabei können sie noch nicht einmal den Deutschen Meister des aktuellen Jahres nennen. Bei den Männern dagegen wissen sie, wer im Jahr 1967 Vierter geworden ist.

Wenn die WM vorbei ist, suhlen sie sich wieder in ihrer Ignoranz. Oder warum gab es in der Geschichte der Frauen-Bundesliga – also der höchsten Liga im Land des Rekordweltmeisters in dieser Sportart, die doch angeblich so gewaltige Fortschritte gemacht hat in den vergangenen Jahren – erst neun Spiele mit mehr als fünftausend Zuschauern? Kann das jemand erklären?

Es ist übrigens nicht unbedingt ein reines Männerproblem. Ich saß mal mit Katrin Müller-Hohenstein auf einer Bühne. Sie hielt eine Hommage auf diese Disziplin, als wäre sie die Wanderpredigerin beim Wunderheilen oder mit missionarischem Auftrag ausgestattet, jeden Menschen im Saal vom Frauenfußball zu überzeugen. Sie erklärte, wie wunderbar der Frauenfußball doch sei. Es war ein tolles Plädoyer, nach dem ich aus naiver Neugier gefragt habe, wie viele Frauenfußballpartien Frau Müller-Hohenstein in diesem Jahr besucht hat. Ich bekam keine Antwort, wurde aber durch ihre Blicke geschätzte vierundzwanzigmal getötet. Die Antwort war: null.

Es gibt zahlreiche Sportarten, die auf die eine oder andere Art geschlechterdiskriminierend sind. Bei Olympia dürfen etwa nur Männer an den Wettbewerben der Nordischen Kombination teilnehmen, dafür ist das Synchronschwimmen allein den Frauen vorbehalten – obwohl zum Beispiel der Amerikaner Kenyon Smith ein grandioser Athlet ist, einer der besten der Welt. Aber er durfte sowohl 2008 als auch 2012 nicht an den Olympischen Spielen teilnehmen. Das ist schlimm, wenn einer der Besten sich nicht mit den anderen messen darf.

Schlimm ist aber auch dieser gesellschaftliche Druck, der vor jeder Frauen-WM aufgebaut wird und dem ich nicht gewachsen bin. Deshalb verkrieche ich mich kurz vor und während einer solchen Veranstaltung in meiner prähistorischen Höhle und ärgere mich, dass ich mich in Werder Bremen verliebt habe. Der Verein wird mich bis zum Ende meines Lebens begleiten. Und nach meinem Tod hoffe ich, dass auf meiner Wolke Bildschirme stehen, auf denen ich Sport gucken kann. Nur keinen Frauenfußball. Oder Rodeln. Oder Zehntausend-Meter-Lauf. Oder Autorennen.

Kapitel 26

Das Männer-Frauen-Haus

Ich habe eine Vision. Es ist keine halbgare Vorstellung einer besseren Zukunft, sondern eine handfeste Vision. Ich sehe eine Kinoleinwand, einen Massagesessel, der in einen Formel-1-Sitz verwandelt werden kann. Ich sehe einen Kühlschrank, aus dem Bierdosen wie Torpedos in meine Richtung geschossen werden. Ich sehe einen Star-Wars-Stormtrooper, eine gut sortierte Bar und eine Chromstange in der Mitte für spontane Besuche guter Freundinnen. Ich sehe ein Männerwohnzimmer.

Ich sehe eine Liegetoilette, ein sich selbst reinigendes Waschbecken und eine Badewanne mit Fernseher und wasserdichter Fernbedienung. Der Kühlschrank kann auch in diese entlegenen Winkel der Wohnung Dosentorpedos schießen, es gibt einen Ofen, in dem die zuvor auf dem Grill gebratenen Steaks auf eine Innentemperatur von 63 Grad gebracht werden. Ich sehe PS-Zeitschriften und Pokerbücher und Pornoheftchen. Ich sehe das Perpetuum mobile der Männlichkeit.

Ich stehe in einer leeren Wohnung und stelle mir vor, wie ich sie gerne einrichten würde. Drei Zimmer, riesige Küche, ordentliches Bad, Balkon. Ich darf Tim Taylor aus der Serie *Hör mal, wer da hämmert* sein; der hat mal ein Männerbadezimmer eingerichtet. Männerwohnung, das klingt nach Höhle, nach Umkleidekabine, nach Eckkneipe. Klar klingt das nach Klischee, aber das muss so sein, weil in Wirklichkeit eine Männerwohnung niemals so eingerichtet ist. Nicht Tim Taylor ist der Innenarchitekt von Männerwohnungen, sondern Ingvar Kamprad.

Ich habe ein paar Männerwohnungen gesehen in letzter Zeit. Es gab keinen Grill und keine Bar. Bierdosen gab es, aber die flogen nicht vom Kühlschrank in die Hand, sondern von der Hand auf den Fußboden. Männerwohnungen, zumindest all jene, die ich in den vergangenen zwei Jahren betreten habe, sehen aus wie eine zur Studentenbude verkommene Version des Ikea-Nestbautriebs, garniert mit einem Accessoire der Individualität: Gläser von Alessi etwa, das Messerset von Wüsthof oder eine selbst gestrichene Wand. Ach ja: Ingvar Kamprad ist der Gründer von Ikea.

Wir ziehen gerade um und wollen komplett neu beginnen. Zurück auf null. Wir haben alles verkauft, was in der alten Wohnung war. Meine Frau und ich dürfen je einen Koffer mitbringen, unser Sohn zwei. Das war's. Wir wollen sehen, wie das ist, wenn man nicht die alte Couch (»geht schon noch«) in die neue Wohnung schleppt, den Schreibtisch aus Studentenzeiten mitbringt und zum fünften Mal auf- und abbaut. Und natürlich diesen Sektkübel endlich wegwirft und ihn nicht wieder von einem Keller in den nächsten trägt, so wie das jeder macht, der einen Sektkübel zur Hochzeit geschenkt bekommen hat. Wir haben in unserem übrigens fünfzig Euro gefunden.

Es gibt diese leere Wohnung, ich schicke meiner Frau Grundriss und ein Video, bei dem ich durch die Räume laufe und sie sehen kann, was alles möglich wäre in diesem Apartment. Natürlich hat auch sie eine Vision:

»Echtholzböden und versteckte Heizungen. Weiße Wände und wehende weiße Vorhänge. Weiße Couch und schicke, edle, aber schlichte weiße Holzmöbel. Weiß schränkt mich nicht ein – dazu mag ich Türkis und Gold, also Kissen in diesen Farben. Überhaupt wäre die Wohnung mit Accessoires in diesen Tönen dekoriert, damit nichts vom cognacfarbenen Eames Chair ablenkt. Zur Weihnachtszeit werden die türkisen Tupfer eingesammelt, ich denke mir ein neues Farbkonzept aus. Traditionell in Rot und Grün vielleicht – oder einen neuen Trend, den ich auf Pinterest oder auf meinen Lieblingsblogs finde.

An den Wänden hängen Fotos meiner Lieblingsmenschen, und auf dem frisch bezogenen Bett liegen Unmengen an kuscheligen Kissen. Überall in der Wohnung gibt es frische Blumen in ausgespülten Retro-Milchfläschchen. Auf meinem Schreibtisch steht ein riesiger Mac, das Büromaterial passt farblich zum Bildschirmschoner. An der Wand hängen mit Masking Tape befestigte Polaroid-Schnappschüsse.

Fernseher und andere elektronische Geräte haben keine Kabel. Warum nicht? Kabel sind hässlich. Die Küche ist im modernen Vintage-Stil gehalten – also neu und sauteuer, aber mit einer Fassade, als wären die Möbel direkt vom Set von *Grease* geklaut worden. Mit mintgrüner KitchenAid im Wert eines kleinen Neuwagens, aber wirklich total nützlich. Und wunderschön, obwohl sie ein Kabel hat.

Im Bad: frische Blumen, flauschige Handtücher; Duschgel und Shampooflasche passen farblich zu den Kacheln und Blumen und Handtüchern.

Ich könnte übrigens stundenlang weiter beschreiben – und würde natürlich in zwei Tagen mit komplett neuen Ideen und Inspirationen anrücken. Eine Wohnung ist ein Prozess.«

Frauenwohnung, das klingt nach Barbie-Traumhaus, nach Schlösschen, nach französischem Café. Natürlich ist das ein Klischee, und das vor allem deshalb, weil eine Frauenwohnung nur ganz selten so aussieht wie in den Visionen. Ich habe auch Frauenwohnungen gesehen in letzter Zeit. Es gab weder einen Eames Chair noch Retro-Milchflaschen noch mintgrüne Küchengeräte.

Auch Frauenwohnungen sehen aus wie aus einem Katalog, als wäre so ein Katalog die Bibel der Wohnlichkeit. Auch dort gibt es individualisierte Accessoires – wobei selbst gestrichene Wände schon wieder derart häufig vorkommen, dass es eher dem Mainstream zugerechnet werden muss. Dafür gibt es diesen einen unbequemen, aber todschicken Stuhl. Und diese handgepressten Öle vom Wochenmarkt und ein Gemälde des Lieblingskünstlers.

Ich bin der Meinung, dass Männer und Frauen nicht zusammenleben sollten. Meine ideale Lebensform wäre eine Doppelhaushälfte, in der ich mit meinem besten Kumpel wohne. Der ist zufällig mit der besten Freundin meiner Frau verheiratet, die beiden leben in der anderen Hälfte des Doppelhauses. Man kann sich im Garten treffen oder in der Kellerbar (die sich über beide Hälften erstreckt), und natürlich gibt es eine Verbindung von meinem Schlafzimmer in die Gemächer meiner Frau. Nach einer lustvollen Begegnung (die Regeln dafür bestimmt, wer Heimvorteil hat) begeben sich beide wieder in die für sie vorgesehenen Räumlichkeiten.

Klingt gut? Warum macht es dann keiner?

Das liegt daran, dass sich Männer und Frauen meiner Meinung nach trotz aller Streitereien und Verzweiflung dann doch ganz wunderbar ergänzen, wenn es ums Wohnen geht. Ja, schon richtig gelesen: Ich glaube, dass Männer und Frauen nicht nur auf engem Raum koexistieren, sondern dass sie sogar voneinander profitieren können. Das ist gar nicht mal so schwer, wenn beide ganz einfach verstehen, was dieses Wort überhaupt bedeutet: Wohnen.

Das Wort nämlich geht zurück ins Gotische, es kann *zufrieden sein* bedeuten, *sich wohlfühlen* oder *sich gewöhnen*. Es kann aber durchaus auch mit *Wahn* und *Wunsch* und *Wonne* umschrieben werden, also mit *Verlangen* und *Verbessern*. Wer das versteht, der versteht vielleicht auch die Unterschiede zwischen Männern und Frauen beim Zusammenleben – und kann daran arbeiten.

Für mich ist eine Wohnung so wie ein Paar Jeans. Die habe ich mal gekauft, weil sie schick aussahen und passten – nun will ich mich nicht mehr darum kümmern. Ich bin zufrieden, ich fühle mich wohl. Wenn ich morgens in den Schrank greife und diese Jeans zu fassen bekomme, dann denke ich mir: Sieht gut aus und passt. Und wenn ich sie abends ausziehe, dann denke ich: Hat gepasst. Mein einziger Wunsch: eine Schlafanzughose, die noch bequemer ist als die Jeans. Ich wäre zufrieden, in meinem Leben keine andere Jeans und keine andere Schlafanzughose mehr zu benötigen. Wohnen, das ist ein Zustand.

Nun kommt jedoch eine Frau ins Spiel und damit Wahn und Wunsch und Wonne. Natürlich ist der massive Holztisch im Wohnzimmer ein wahres Prachtstück, das ihr Mann aus dem kleinen Indie-Laden getragen und daheim aufgebaut hat – und dann nie wieder darüber nachgedacht hat. Aber wäre es nicht schön, wenn darauf nun eine farblich zum Schränkchen abgestimmte Decke liegen würde? Darauf Blumen? Und wenn das alles von dieser gebogenen Lampe im Katalog angestrahlt würde? Oder von den Kerzen, die im Schaufenster des schnuckligen Ladens um die Ecke stehen? Wäre das nicht wunderbar? Wohnen, das ist für meine Frau eine Tätigkeit.

Ich habe verstanden.

Es gibt keine Männerwohnung und keine Frauenwohnung, diese Vorstellungen sind nur lustige Karikaturen in Fernsehsendungen oder Verkaufsargumente von Wohnzeitschriften. Aber es gibt diesen elementaren Unterschied, was der Begriff *Wohnen* für Frauen und Männer bedeuten kann. Hanni will verlangen und verbessern, ich will zufrieden sein. Beides ist möglich: Sie muss durch Veränderung nur dafür sorgen, dass sich auch meine Zufriedenheit erhöht – und ich muss lernen, mich wohler zu fühlen, wenn sie etwas verändert.

Klingt einfach und banal? Ist es auch. Manchmal ist das Leben dann doch wie das Rasiermesser von Wilhelm von Ockham. Manchmal ist die einfachste Erklärung die beste.

Wie unsere Wohnung nun aussieht? Es ist keine Männervision und auch kein Frauentraum. Es ist aber auch nichts, was in einem Ikea-Katalog auftauchen würde. Wir fühlen uns wohl – und natürlich bastelt Hanni ständig daran, die Wohnung zu verbessern, während ich zufrieden auf der Couch sitze und den Boden mit Chips bestreue. Alles in Ordnung.

Und während wir das tun, denken wir beide darüber nach,

wie wunderbar es wäre, wenn Hanni mit ihrer Schwester in der einen Doppelhaushälfte leben würde – und ich mit meinem Schwager Joe in der anderen. Man wird ja wohl noch träumen dürfen.

Kapitel 27

Fitness mit Schlumpfine

Es knirscht. Es kracht. Es knattert. Mein vierter Lendenwirbel verabschiedet sich in Richtung Hals, dafür ist der Muskel in meiner rechten Pobacke gerade über einen Knochen gehüpft und vibriert wie eine Gitarrensaite. Deshalb sieht der Schweiß, der sich in meinem Bauchnabel sammelt, ein bisschen so aus wie das Wasserglas in Jurassic Park in dem Moment, als der Tyrannosaurus Rex nicht mehr fern ist. Mein Oberschenkel platzt gleich.

Die Position, in der ich mich befinde, nennt sich *Brezel*, was weniger erotisch ist als es klingt – vor allem bei meiner Ausführung. Korrekt absolviert soll es aussehen wie eine Mischung aus der David-Statue und dem Striptease-Work-out-Video von Carmen Electra. Ich sehe eher aus wie das Standbild von Jürgen Klopp, bevor er ausrastet.

Ich würde der Schwerkraft gerne zum Sieg gratulieren, nach links umkippen und dann in Embryostellung meine zahlreichen Wehwehchen beklagen, doch mein männlicher Stolz verhindert das. Vielleicht sind auch die zwanzig Frauen schuld, die allesamt so aussehen, als würden sie später auf einem Laufsteg Klamotten vorführen. Der komplette Raum wirkt wie die Zeitlupenversion des Eric-Prydz-Videos »Call on Me« – und ich bin mittendrin und muss zum einen die Übungen absolvieren und zum anderen verhindern, dass meine Augen keinen Krampf bekommen von den Chamäleonblicken auf die anderen.

Ich habe mich immer über Frauen gewundert, die ein Fitnessstudio in aufreizender Kleidung betreten. Machen die das für die anwesenden Männer? Wollen sie angesprochen werden? Ist das eine Form des Flirtens? Ist das gar eine sportliche Form des Vorspiels? Ich meine, sie könnten ja auch in Schlabberhose und Kapuzenpulli kommen. Aber sie tragen dann doch häufig Hotpants und Tanktops, als wäre das Studio ein Strand.

Ich beginne schon am Anfang der Übung zu verstehen: Im Gegensatz zur Kleidung in diesem Raum ist das, was die Frauen in meinem Fitnessstudio tragen, traditionelle Nonnenbekleidung. Hier, im Nur-für-Frauen-Fitness, tragen sie zwanzig Prozent weniger Stoff und eine halbe Kleidergröße kleiner.

Frauen tragen nicht für Männer schöne Kleidung, sondern für Frauen – also zum einen für den bedeutenden Wettbewerb mit anderen Frauen und zum anderen einfach nur für sich selbst. Würden sie sich für Männer schön machen, liefen sie einfach nackt herum.

Bar Method heißt dieses Fitnessprogramm, das sich gerade größter Beliebtheit erfreut und das in meiner Heimatstadt aufgrund der riesigen Fensterwand den Umsatz durch männliche Kunden im Café gegenüber mehr als verdoppelt hat. Ich bin dabei, weil die Teilnehmerinnen dazu aufgefordert wurden, am Valentinstag ihre Partner zu einem Probetraining mitzubringen – zum anderen bin ich von sehr vielen Frauen aufgefordert worden: »Wenn du eine Frau verstehen willst, dann musst du mit deiner Partnerin Sport treiben.« Es ist eine der wenigen Aufgaben, bei der auch Männer zugestimmt haben mit den Worten: »Beim gemeinsamen Sport erkennst du, wie Frauen wirklich sind.« Haben die echt gesagt.

Meine Vorstellung von ehelicher Körperertüchtigung (nein, jetzt bloß kein sexuell angehauchter Scherz, ich habe schließlich schon ein bisschen was gelernt) drehte sich bislang eher um Fahrradfahren oder vielleicht mal Laser Tag spielen – oder womöglich darum, gemeinsam ins Fitnessstudio zu fahren, sich am Eingang zu verabschieden und sich später in der Sauna oder an der Bar mit den vitaminreichen Getränken zu treffen.

Sport im Sinne von Leibesübungen habe ich noch nie mit meinem jeweiligen Partner gemacht. Noch nie. Also könnte es tatsächlich interessant werden.

Aber genauso wie ich meine Frau nicht unbedingt zu einem Fußballtraining mitnehme, sowenig will ich in eine dieser beim Mainstream gerade äußerst beliebten Fitnesskombinationsstunden mitkommen. Ich habe stets den Eindruck, dass da einer nach Genuss von zu viel Alkohol oder Marihuana gedacht hat, dass es doch bestimmt eine tolle Idee wäre, zwei oder drei bereits existierende Sportarten zu verbinden und daraus ein mega-giga-hyper-super Fitnessprogramm zu machen. Aber es funktioniert, diese Menschen verdienen Milliarden. Zu Recht. Weil es die Kunden offensichtlich cool finden, Stretching und Boarden zu verbinden oder Spinning und Yoga.

Bald, da bin ich mir ganz sicher, wird es auch die Sportarten Fußballyoga, Ballettbowling und Tennistanzen geben.

Fitness gehört wie Ernährung zu den lebensverbessernden und langfristig lebensverlängernden Maßnahmen im weiblichen Alltag – und ich habe gelernt, dass in diesem Fall alles außer Langeweile erlaubt ist. Analog zur Ernährung (siehe Kapitel 23) wäre es viel zu simpel, seinen Freundinnen lediglich mitzuteilen, dass man nun zweimal pro Woche zum Joggen und nebenbei ins Fitnessstudio geht. Es muss schon die Dreißig-Tage-Challenge bei *Bar Method* verbunden mit dem neuen Bodyweight-Dehnprogramm sein.

Wobei ich sagen muss, dass sich Männer und Frauen in diesem Punkt nur geringfügig unterscheiden. Joggen? Schon okay. Trainieren für einen Marathon: Respekt. Mitgliedschaft im Studio? In Ordnung. In drei Monaten einen Kampf im Schachboxen haben: cool. Den Zehn-Kilometer-Lauf in der Heimatstadt absolvieren? Wie süß. Teilnahme am *Tough Mudder*: genial.

So groß sind die Unterschiede nicht, bei Frauen scheint jedoch der Weg cool sein zu müssen, bei Männern das Ziel.

Da bin ich nun also und versuche mich am *Stuhl*, an der *Brezel* und an anderen ausgeflippten Stellungen mit lustigen

Namen und bemerke gleich mal: Es gibt Bewegungen, die ausschließlich Frauen vorbehalten sind – und das ist gut so. Die *Brezel* etwa ist für Männer so angemessen wie eine zerrissene Jeans bei der Oscar-Verleihung. Nicht nur wegen der zu dehnenden Muskeln oder der nicht zu besiegenden Schwerkraft, sondern ganz einfach auch wegen der Dinger, die einem Mann zwischen den Beinen baumeln, gerade aber irgendwo eingezwickt sind, wo sie nicht hingehören und wo sie sich auch überhaupt nicht wohlfühlen.

Im Hintergrund singt Bruno Mars gerade: »Don't believe it, just watch!« Wie gerne würde ich in diesem Moment im Starbucks gegenüber sitzen und einfach nur zusehen. Darf ich aber nicht. Ich muss mitmachen.

Die Kursleiterin ist eine Schlumpfine mit Hummeln im Hintern und einem Clown auf der Zunge. Sie ist keine 1,60 Meter groß, dafür erkennt man jeden einzigen Muskel an ihrem Körper – was auch daran liegt, dass sie nicht gerade viel davon mit Kleidung bedeckt. Sie hüpft wie ein Wiedehopf im Mai durch den Saal und lächelt dabei, als würde ihr bei jedem Hüpfer ein neuer Witz einfallen. Sie brüllt einen nicht an wie die Möchtegern-Marines in meiner Muskel-Wachstums-Bude, sie korrigiert lächelnd, sie säuselt dauernd motivierende Worte und erklärt diesen Tag überhaupt zum schönsten des ganzen Jahres. So viel gute Laune und Energie machen mir Angst. Ehrlich. Das sind die, die irgendwann durchdrehen.

Hin und wieder schaut sie bei mir vorbei, sie schiebt meinen Arm nach hinten und meine Hüfte nach vorne – und wenn ich sie verzweifelt ansehe, dann gibt sie mir einen Klaps auf den Hintern und sagt mir, wie toll ich das mache und dass ich überhaupt der beste Mensch auf der ganzen Welt bin. So treiben also Frauen Sport? Das hatte ich mir anders vorgestellt, aber ich hatte ja auch eine vollkommen falsche Vorstellung davon, wie so eine Pyjamaparty aussieht. Bereits nach zehn Minuten bin ich fertig wie ein Hund in der Hitze, ich will einfach nur meinen Daumen in den Mund stecken und weinen. Oder einen

Vitaminshake haben. Oder noch einen Klaps auf den Hintern von der Schlumpfine.

Damit wir uns nicht falsch verstehen: Ich kann zwei Stunden am Stück Basketball spielen, ich schaffe mehr als hundert Kilogramm beim Bankdrücken und habe kürzlich an einem Fünfzehn-Kilometer-Lauf teilgenommen. Ich bin gewiss kein Profisportler, aber doch ambitionierter Amateur, der fünfmal pro Woche Sport treibt. Das hier jedoch, das ist kein Sport, das ist eine sadomasochistische Quälerei. Dieser Mensch gewordene Minimuskel macht mich derart fertig, dass ich ihr einen Diamantring kaufen würde, wenn sie nur aufhört.

Genau das ist das Hundsgemeine: Welcher Mann hört mit einer Übung auf, wenn zwanzig hinreißende Frauen genau diese Übung scheinbar mühelos schaffen und einen milde lächelnd zum Gesang von Bruno Mars beim Scheitern beobachten? Und wenn einem jemand bestens gelaunt erklärt, dass man diese Übung natürlich schafft und dass es ein noch ganz viel tollerer Tag wird, wenn man sie schafft – und dass es schon grandios ist, überhaupt hierhergekommen zu sein? Kein Mann gibt da auf!

Im Fitnessstudio würde einen, wie schon angedeutet, ein Mann anbrüllen, dieses Scheißgewicht verdammt noch mal in die Scheißhöhe zu wuchten, danach grunzen und einem einen herzhaften Klopfer auf die Schulter geben, damit sich die zuvor ausgerenkten Wirbel wieder einrenken. Hier: Mitleid und Empathie. Nichts beim Sport ist schlimmer als Mitleid und Empathie. Die einzig akzeptablen Gefühle sind Anerkennung und offener Hass. Aber bitte kein Mitgefühl.

Doch ganz offensichtlich treibt das die Frauen in diesem Raum an. Sie mühen sich ab, sie schwitzen und verzweifeln – aber sie wirken grundsätzlich nicht so, als käme der Besuch hier dem Eintritt in ein Kriegsgebiet oder wenigstens dem Erlegen eines Wildtiers gleich. So gestaltet sich nämlich das gewöhnliche Fitness-Männerprogramm: Loslegen, entweder Gegner oder Gewichte besiegen, heimgehen.

Das Programm dauert sechzig Minuten. Ich will neunmal

aufgeben, dreimal weinen und einmal sterben. Ja, ich will nun nicht den verständnisvollen Mann geben, der Respekt vor Frauenfitness heuchelt in der Hoffnung, dafür mehr Sex zu bekommen. Es war tatsächlich anstrengend für mich, danach fühle ich mich nicht ausgelaugt, sondern vital.

Moment mal, da kann was nicht stimmen. Ich blicke auf das Fitnessarmband, das ich seit ein paar Monaten am linken Handgelenk trage. Für die vergangene Stunde bekomme ich 420 Punkte. 420 Punkte? Lächerlich! Eine Stunde joggen: 630 Punkte. Eine Stunde Hanteltraining: 690 Punkte. Eine Stunde Basketball: 870 Punkte. 420 Punkte, das ist wie Spazierengehen mit erhöhtem Tempo. Es ist eine Mischung aus *schon okay*, *in Ordnung* und *wie süß*. Das teile ich meiner Frau mit, die gerade ihren Kolleginnen zur überstandenen Übung gratuliert.

»Das ist dein Problem – beim Sport und im Leben«, sagt eine Frau, die ich noch nie zuvor gesehen habe. »Es geht immer nur um Punkte und Gewinnen und Andere-Besiegen. Immer nur vergleichen: Talent, Einkommen, Schwanz. Dabei vergesst ihr, wie schön dieser Weg sein kann. Ihr entdeckt nicht das Schöne an der Reise und das Wunder, das dabei in euch steckt.«

Das ist mein Stichwort, mich zur Textzeile »I think you're crazy« von Gnarles Barkley langsam nach hinten zu bewegen und mir das Bier zu gönnen, mit dem ich in diese Stunde gelockt wurde. Ich habe nichts gegen diese Fitnessprogramme. Ich verstehe nun, warum Frauen da mitmachen. Ich könnte auch mitmachen. Ich kann es aber auch bleiben lassen. Denn ich habe nicht nur das Ziel verfehlt, sondern der Weg war auch von Gedanken an Tränen und Todessehnsucht geprägt. Und im Ziel muss ich mir dann noch pseudophilosophische Gedanken anhören und mich als Neandertaler bezeichnen lassen. So weit ist mein Verständnis für Frauen dann doch nicht ausgeprägt.

Es ist gut, dass ich hier bin – denn: Wenn mich jemand fragt, ob ich noch einmal mitkommen möchte, dann weiß ich, dass ich nur Nein sagen muss.

Kapitel 28

Das richtige Geschenk

Es gibt einen Tag auf diesem Planeten, an dem Frauen dafür gefeiert werden, dass sie Frauen sind. Hat die deutsche Journalistin Clara Zetkin mal vorgeschlagen, auf der Zweiten Internationalen Sozialistischen Frauenkonferenz im August 1910 in Kopenhagen. Klar, damals ging es um solche Sachen wie Stimmrecht bei Wahlen, um Gleichberechtigung und um Arbeitsbedingungen.

Heutzutage wird über diesen Tag heftig gestritten, vor allem Frauen beschweren sich bisweilen darüber, dass dieser Tag in Wahrheit die Gleichberechtigung verhindern würde. Alice Schwarzer sagte vor ein paar Jahren mal: »Schaffen wir ihn endlich ab, diesen gönnerhaften 8. März! Und machen wir aus dem einen Frauentag im Jahr 365 Tage für Menschen, Frauen wie Männer.« Ich halte wirklich nicht viele Dinge aus dem Mund von Alice Schwarzer für umsetzbar, doch das hört sich realisierbar an.

In Russland dagegen, da beschwert sich niemand über den Frauentag. Das könnte damit zu tun haben, dass Präsident Wladimir Putin, diese politische Version von Christian Grey aus den Fifty-Shades-Romanen, den Frauen per Ansprache persönlich gratuliert. Zu der Tatsache, dass sie Frauen sind. Die können zwar nichts dafür, dass sie Frauen sind, freuen sich aber darüber, dass der Präsident wenigstens einmal im Jahr an sie denkt.

Oder es liegt an den Geschenkempfehlungen russischer Zeit-schriften zu diesem Tag, die recht deutliche Hinweise darauf ent-halten, was Männer kaufen sollen. Ganz vorne, seit mehr als zehn Jahren: eine Uhr von Bulgari, bestenfalls mit Diamanten. Ein Ring von Tiffany's, ebenfalls am liebsten mit Diamant. Oder ein Pelzmantel, da spielen Diamanten dann eine eher unterge-ordnete Rolle – es geht mehr um das dafür zu erlegende Tier.

Verstehe ich vollkommen, die russischen Frauen, bis auf die Sache mit dem Pelz. Wer beschwert sich über einen Tag, an dem er Geschenke bekommt? Es fordert ja auch keiner, den eigenen Geburtstag abzuschaffen.

Und so lange ihnen Zeitschriften oder Werbefilme mitteilen, was sie den Frauen schenken sollen, haben Männer damit auch kein Problem – sie müssen halt nur Wladimir Putin sein oder Roman Abramowitsch oder irgendein anderer reicher Kerl, der mal schnell am Frauentag ein paar Uhren oder Ringe kaufen kann. Geschenke gibt es in Russland an diesem Tag nämlich nicht nur für die Ehefrau oder Freundin, sondern auch für die Schwester oder Mutter oder Nachbarin. So ein Tag kann ganz schnell sehr teuer werden.

Doch abgesehen vom Preis haben Männer tatsächlich ein Problem mit solchen Anlässen, weil die Wahl des richtigen Geschenks eine knifflige ist; es gibt zu viele Ausschlusskrite-rien, wie zu teuer (aus Käufersicht), zu billig (aus Beschenk-tensicht), nicht kreativ genug, nicht persönlich genug, zu haus-frauig, nicht praktisch genug. Falsche Größe, falsche Marke, falscher Preis. Falsche Farbe, falsche Fassung, falsche Form. Falsch. Falsch. Falsch.

Ich habe mich, so hoffe ich jedenfalls, bei diesem Projekt oft genug als Vollidiot hingestellt, sodass ich nun, gegen Ende, endlich mal behaupten darf, dass ich gerade heller glänze als der Weihnachtsbaum auf dem Marktplatz meiner Heimatstadt. Ja, verehrte Freunde, ich habe das perfekte Geschenk gefun-den, ich werde geknuddelt und geknutscht.

Denn: Ich habe verstanden!

Meine Geschenke: zwei Parfüms. Eins von Prada und eins von Chanel.

Ich verstehe die Enttäuschung jeder Leserin und den damit verbundenen Einwand, dass ich damit gegen sämtliche oben genannten Regeln verstoßen habe, und dieses Präsent zu den gewöhnlichsten, langweiligsten und banalsten Dingen gehört, die ein Mann einer Frau schenken kann. Nur: Ich werde gerade geknuddelt, während Sie ein Buch lesen, weil Sie entweder ein Mann sind und wissen wollen, wie man Frauen versteht. Oder weil Sie eine Frau sind und Ihren Mann erziehen möchten.

Sie müssen verstehen, wie es zu diesem Geschenk kam.

Schuld ist dieses Projekt, wegen dem ich ein paar Wochen lang den Chat zwischen meiner Frau und ihren Schwestern lesen durfte – bevor mir der Zutritt aufgrund einiger despektierlicher Äußerungen wieder verboten wurde. In einem dieser Gespräche ging es um Parfüm, um aufregende Düfte und Trends, um Ausprobieren und Mixen. Irgendwann schreibt meine Frau: »Chance von Chanel ist grandios, leider ist gerade meine Flasche leer geworden – immer wenn ich das dran habe, läuft mir jemand hinterher und fragt, was das ist.« Zwei Wochen später schreibt sie: »Ich würde mir ja Infusion d'Iris von Prada zulegen, wenn es nicht so teuer wäre.«

Vier Wochen später ist meine Chance da, es ist Valentinstag: Ich habe ein bisschen gespart, weshalb das Geschenk nicht zu billig ist und auch nicht zu teuer. Richtige Größe, richtige Marke, richtiger Preis. Richtige Farbe, richtige Fassung, richtige Form. Richtig. Richtig. Richtig. Und ich beweise mit diesem Geschenk, dass ich aufgepasst habe. Dass ich mir Mühe gebe, ihre Wünsche zu verstehen und Hinweise richtig zu deuten. Jackpot.

Es ist so einfach. Wer Frauen verstehen will, der muss ihnen hin und wieder zuhören. Oder in meinem Fall: lesen, was sie schreiben.

Ich bin auch schon für den nächsten Tag vorbereitet. Meine Frau sagte, dass sie gerne die Arielle-Sneakers hätte – dass man die aber nur bekommt, wenn man an einem Zehn-Kilo-meter-Benefizlauf teilnimmt. Also habe ich mich angemeldet und werde für sie laufen. Warum? Weil ich abnehmen muss und weil ich will, dass sie diese Schuhe bekommt. Und weil ich gelernt habe, dass man für erfolgreiche Geschenke belohnt wird – bald folgt nämlich ein Tag, an dem die Männer gefeiert werden und zwei Wünsche erfüllt bekommen. Da das hier aber ein Familienbuch ist, werde ich nicht verraten, was ich von meiner Frau bekommen habe. Nur so viel: Würde ich einen Schweinebraten und Streicheleinheiten bekommen, dann hieße dieser Tag *Schwei-Strei-Tag*. Er wird aber allgemein *Schni-Blow-Tag* genannt.

Kapitel 29

Im Frau-Zeit-Kontinuum

Ich habe einen Plan. Das passiert nicht sehr oft, weil ich meistens realistisch bin und weiß, dass Pläne sowieso nie funktionieren. Dieser aber ist so wasserdicht wie ein Taucheranzug, deshalb habe ich beschlossen, diesen Plan zu behalten und durchzuführen. Kann man ja mal machen.

Meine Frau kommt zu spät. Immer. Sie hat das schon immer so gemacht, sie ist sogar zu unserer Hochzeit exakt zwanzig Minuten zu spät gekommen. Weil sich der Trauzeuge mit dem Auto überschlagen hat. Behauptet sie noch heute. Ich finde Unpünktlichkeit schlimm, weil ich immer pünktlich bin, das wurde mir von meinen Eltern so beigebracht. Die Eltern meiner Frau behaupten heute, dass sie ihr das auch beigebracht hätten – aber ganz offensichtlich waren sie dabei nicht besonders erfolgreich. Ich finde das Zuspätkommen meiner Frau vor allem deshalb schlimm, weil ich dann warten muss und Geduld nicht zu meinen Tugenden gehört. Meiner Frau macht das nichts aus, wenn ich warten muss.

Frauen kommen immer zu spät. Das sagen Menschen, die auch behaupten, dass nach dem Herbst der Winter kommt. Ich kann das nicht bestätigen. Ich weiß nur, dass meine Frau immer zu spät kommt. Und alle Frauen, die ich kenne. Vielleicht gibt es irgendwo auf der Welt eine Frau, die immer pünktlich ist. Kann schon sein. Ich kenne auch einen Mann, der kommt immer zu spät. Der ist aber nicht mein Freund.

Nun aber zu meinem Plan, denn ich will ja gerne weiterhin mit meiner Frau befreundet sein. Glauben Sie mir: Es hilft, wenn man mit seiner Ehefrau befreundet ist, so viel habe ich während des Projekts bereits gelernt. Wir sind heute verabredet, meine Frau und ich. Wer Kinder hat, der muss sich tatsächlich verabreden wie damals als Teenager. Finde ich eigentlich ganz romantisch. Wir sollen eine Party besuchen. Sie beginnt um zwanzig Uhr, ich habe meiner Frau jedoch erzählt, dass es schon um neunzehn Uhr losgeht. Das ist der erste Teil meines Plans. Bisher funktioniert er ganz wunderbar.

Ich erkläre Ihnen kurz einmal meine Strategie zur Pünktlichkeit: Ich nehme mir ein paar Sachen vor, die ich bis zur Verabredung erledigt haben möchte, die arbeite ich nach Prioritäten ab – ich will ja nicht nackt erscheinen. Was ich bis dahin geschafft habe, das habe ich geschafft. Was ich nicht geschafft habe, das muss ich eben bleiben lassen. Das führt natürlich dazu, dass ich schon mal unrasiert und unfrisiert, vielleicht auch ohne Jacke und ohne Wohnungsschlüssel, ganz sicher aber schon mal ohne geschnittene Zehennägel zu einer Verabredung erschienen bin. Ich bin immer unfertig, aber nie unpünktlich.

Ich weiß nicht, ob meine Frau bei der Pünktlichkeit so ist wie alle anderen Frauen – aber meine Frau ist grundsätzlich einmal nicht unpünktlich. Sie beginnt ihre Vorbereitung auf den Abend genau so, dass sie pünktlich wäre, wenn von diesem Zeitpunkt an alles klappen und sie niemand mehr stören würde. Auch sie hat eine Liste, aber die arbeitet sie nicht nach Prioritäten ab (sie ist meist drei Minuten vor dem Ausgehen noch ohne Kleid oder Oberteil), sondern so, wie es Sinn macht, wenn sie unendlich viel Zeit hätte.

Das Problem dabei: Im Leben hat man meistens nicht unendlich viel Zeit – und in unserer Familie ist meine Frau ganz selten ungestört. Es gibt da einen kleinen Jungen, der andauernd an ihrem Bein zupft, weil er etwas sucht oder ihr einen neuen Trick vorführt oder einfach ein paar Minuten Aufmerksamkeit braucht. Und dann gibt es noch unseren Sohn.

Während sich also meine Frau die Haare föhnt, bewundert sie nebenbei mit einem nicht zu leugnenden Schrecken in ihrem Gesicht, dass Finn mittlerweile einen Handstand auf meinen Händen schafft, während ich auf dem Rücken liege. Sie hilft mir bei der Suche nach meinen Schuhen, während sie eigentlich das passende Outfit für sich selbst suchen möchte. Und natürlich gibt es noch den obligatorischen Wutanfall, weil entweder Finn (behaupte ich) oder ich (behauptet Finn) das Bad nach der Benutzung nicht in einen frauenfreundlichen Zustand gebracht haben.

Das ist nun keineswegs eine Verteidigung der weiblichen Unpünktlichkeit, aber ich muss eingestehen, dass ich zumindest für dreißig Prozent aller Verspätungen und damit für etwa fünfzehn Minuten verantwortlich bin. Für den Mir-passen-keine-Klamotten-Traueranfall und das Mitsingen bei ungefähr achtzig Songs unter der Dusche kann ich ebenso wenig wie dafür, dass es noch immer keinen automatisch trocknenden Nagellack gibt. Ganz nebenbei, ihr Silicon-Valley-Weltverbesserer: 140-Zeilen-Nachrichten könnt ihr erfinden und selbstfahrende Autos und Handys mit Fingerabdruck, aber das nicht? Damit würdet ihr dem Weltfrieden endlich mal wirklich ein Stück näher kommen.

Ich arbeite nun bei der Vorbereitung meine Liste so ab, wie es meine Frau tun würde – und weil ich weder von ihr noch von meinem Sohn gestört werde und auch nicht unter der Dusche singe und grundsätzlich nur Klamotten probiere, die mir auch wirklich passen, bin ich zwanzig Minuten früher fertig als sie. Kein Problem diesmal, es ist jetzt 19.20 Uhr, wir sind also noch immer pünktlich. Aber, und das gebe ich zu, ich wäre auch ein bisschen zu spät gewesen.

Anstatt wie sonst üblich in immer kürzer werdenden Abständen zu fragen, wann sie denn nun endlich fertig sei, setze ich mich völlig ruhig auf die Couch und beobachte meine Frau bei den in immer kürzeren Abständen auftretenden Panikattacken. Ich bringe unseren Sohn zu den Nachbarn, entsorge den Müll und spüle das Geschirr. Es gibt für meine Frau also keine externe Ausrede fürs Zuspätkommen.

Es ist nun 19.40 Uhr, der spätestmögliche Zeitpunkt für die Abfahrt. Hanni tobt durch die Wohnung wie ein Tasmanischer Teufel, sie kramt in ihrer Handtasche auf der Suche nach den Schlüsseln, sie zuppelt an Kleid und Haaren, es gibt sogar einen kleinen Wutanfall ob des Kleides. Aber alles im normalen Bereich. »Ich bin fertig«, sagt sie.

Ich sehe sie diabolisch grinsend an. »Ach herrje«, sage ich. »Ich habe meine Jeans beim Müllrausbringen dreckig gemacht, jetzt muss ich mich komplett umziehen. Und meine Haare habe ich auch noch vergessen. Sorry, aber ich brauche noch mindestens fünfzehn Minuten.«

Na, wie gefällt dir das? Jetzt siehst du mal, wie das ist, auf jemanden warten zu müssen, wenn du selbst perfekt gestylt und bereit zur Abfahrt bist. Um jemanden zu verstehen, muss man ihn manchmal mit seinen eigenen Waffen schlagen. Ich liebe es, wenn ein Plan funktioniert.

»Ach, Gott sei Dank«, sagt sie erleichtert. »Ich bin noch überhaupt nicht fertig. Ich habe mich nur wegen dir beeilt. Lass dir ruhig Zeit, das kann noch ein bisschen dauern. Mein Kleid passt nicht, meine Frisur ist schrecklich, und meine Fingernägel sind auch noch nicht trocken.«

Am Ende warte ich wieder mal und frage in immer kürzer werdenden Abständen (von alle paar Sekunden bis zu jede Sekunde), wann sie denn nun endlich fertig sei. Wir kommen zwanzig Minuten zu spät zu der Party – wofür sich meine Frau so entschuldigt: »Sorry, ich kann nichts dafür. Jürgen hat sich beim Müllrausbringen besudelt. Ja, er hat tatsächlich mal den Müll rausgebracht – und sich gleich dreckig gemacht. Deshalb sind wir zu spät. Wegen Jürgen. Hihi. Nun lach doch auch mal drüber, Schatz, ist doch lustig.«

Wer Frauen verstehen will, der sollte manchmal einfach aufgeben. Wer ein glückliches Leben führen will, der sollte einsehen, dass das weibliche »Ich bin in fünf Minuten fertig« und das männliche »Noch *ein* Bier, Schatz, dann komme ich heim« die exakt gleiche Zeitspanne umschreiben.

Kapitel 30

Der Frauenversteher

Vor mehr als vierzig Jahren sang John Lennon ein Lied über eine
Welt ohne Grenzen. Ohne Religion, ohne Länder, ohne Besitztümer. Ohne Gier und Hunger, ohne einen Grund zum Töten
und ohne eine Hölle. Eine Welt voller Frieden, Glückseligkeit
und Harmonie. »Imagine« heißt dieses Lied, und Lennon musste
schon damals erklären, dass er ein Träumer sei – denn er wusste,
dass eine Welt ohne Grenzen und Religionen und Besitztümer
noch immer eine Welt mit Frauen und Männern ist.

Mein Sohn kann mit diesem Lied noch nicht besonders viel
anfangen, er ist sechs Jahre alt und begeistert sich derzeit eher
für »Lucy in the Sky with Diamonds«, »Yellow Submarine«
und »I'm the Walrus«. Sein Lieblings-Beatle ist auch nicht John
Lennon, sondern der Typ am Schlagzeug.

Ja, mein Sohn ist Schlagzeuger. Skateboarder. Träger des
blauen Gürtels in Mixed Martial Arts. Er klettert auf Bäume,
er ist lieber dreckig als sauber und hüpft auch schon mal von
einem Felsen. Er besitzt ein Stormtrooper-Outfit und auch
eines von Iron Man. Er feuert im Stadion seinen Lieblingsverein an und fordert zur Halbzeit den Verzehr einer riesigen
Stadionwurst. Er hat einen geheimen Handschlag mit seinem
Vater, er rülpst gerne laut und kümmert sich rührend um seinen Lego-Todesstern.

Ein echter Junge.

Er bastelt auch. Er spielt mit den Puppen der Nachbarin

und erstellt gemeinsam mit ihr Bügelperlenbilder. Er kämmt die Haare seiner Mutter und lackiert sich gemeinsam mit ihr die Fingernägel. Er weint bei traurigen Filmen und kuschelt dabei gerne mit beiden Eltern auf der Couch. Er dekoriert die Wohnung, den Weihnachtsbaum und auch sein Zimmer; er mag Glitzersternchen und Perlen und isst lieber Salat als Steak. Er hat einen geheimen Handschlag mit seiner Mutter, kichert bei Witzen über Papa und kümmert sich rührend um sein Lieblingskuscheltier.

Ein echtes Mädchen.

Was ist das eigentlich, ein echter Junge? Und was ist das, ein echter Mann? Was ist männlich? Was ist weiblich? Und was ist eine echte Frau?

Es war ein Jahr lang meine Aufgabe, Frauen zu verstehen – und darüber letztlich auch eine Antwort auf diese Fragen zu finden.

Muss ich meinen Sohn zu einem echten Mann erziehen?

Eines vorneweg: Wir erziehen unseren Sohn nicht geschlechtsneutral. Wir wollen ihn nicht *Storm* nennen, wie es Eltern in Kanada mit ihrem Kind getan haben, um ihm sein Geschlecht möglichst lange zu verheimlichen. Es gibt in unserer Familie auch nicht den Begriff »hen« aus der schwedischen Schule, durch den »er« (schwedisch: han) oder »sie« (hon) vermieden werden soll. Unser Sohn weiß, dass er ein »han« ist und dass es auch »hons« gibt, er behandelt dennoch all seine Freunde wie »hen«. Nein, wir erziehen unseren Sohn nicht geschlechtsneutral.

Und das hat alles sehr viel damit zu tun, was ich in den vergangenen zwölf Monaten erlebt habe.

Es ging bei diesem Projekt darum: Was ist männlich? Was ist weiblich? Und warum versteht das Männliche das Weibliche so schlecht und umgekehrt? Es geht – für mich ganz privat, letztlich aber auch für jeden Menschen, der Kinder hat – darum, welche Welt wir unseren Kindern hinterlassen wollen.

Ich habe ein paar hirnrissige Experimente absolviert wie das mit der Menstruation, das mit den Hormonen oder das mit den Wehen, Gott sei Dank hat mich meine Frau von dem Versuch abgehalten, neun Monate lang eine Schwangerschaft zu simulieren. Es gibt Dinge, die können wir Männer nicht erleben oder empfinden, jeder Versuch ist von vornherein zum Scheitern verurteilt – doch bekommt der Mensch nicht meist im Scheitern die lehrreichsten Lektionen erteilt?

Ich bin gescheitert, aber ich habe gelernt. Jeden Tag. Bei jedem einzelnen schwachsinnigen und überambitionierten und vielleicht auch mal lustigen Experiment. Nein, ich bin kein Frauenflüsterer. Ich weiß nicht, wie ich einer Frau zu zehn Orgasmen nacheinander verhelfen kann. Ich bin nicht Christian Grey, der einer Frau einen Tampon aus der Vagina zieht und sie damit zum Juchzen bringt. Ich werde wohl niemals der Chefredakteur einer Männer- oder Frauenzeitschrift werden, und ich werde auch nie als Komiker auf einer Bühne stehen und behaupten, ganz viel von Beziehungen zu verstehen.

Es gibt Unterschiede zwischen Männern und Frauen, es hat riesigen Spaß gemacht, diese Unterschiede zu erforschen und hin und wieder mit ihnen zu spielen. Ich kann nur jedem Mann raten, genau das auch mal zu versuchen. Ohne Waxing. Ohne Strom an den Hoden. Ohne Hormone. Aber vielleicht mit ein paar Ideen aus diesem Buch. Scheitern kann Spaß machen – wenn man das Scheitern und auch sich selbst nicht allzu ernst nimmt. Ich betrachte diesen Versuch als Erfolg, vielleicht als die größte Leistung in meinem Leben. Ich habe verstanden.

Was ich nicht verstehe: Warum sich so wenige Menschen die Mühe machen, andere verstehen zu wollen. Warum sie resigniert haben und ihre Ignoranz preisen. Es heißt dann immer, dass die Frauen von der Venus wären und die Männer vom Mars und dass sie sich ja doch nicht verstehen würden. Es werden die Unterschiede herausgearbeitet und nicht die Gemeinsamkeiten. Es scheint mir, dass es am Ende immer nur darum geht, Macht über den anderen zu gewinnen – sei es durch geringere Bezahlung für die gleiche Arbeit oder durch ein ungerechtfertigtes »Aufschrei«-Brüllen. Es geht immer um Macht.

Frauen haben, das wurde mir in den vergangenen zwölf Monaten klar, ebenso wenig Ahnung von Männern wie umgekehrt – und es scheint mir, als würden sie auch keine Ahnung von Männern haben wollen. So wie viele Männer keine Ahnung von Frauen haben wollen. Und wenn sie Ahnung haben wollen, dann nur, um Frauen kontrollieren zu können. Warum sonst beginnt das Buch eines Mannes über Frauen so: »Eines vorneweg: In diesem Buch geht es nicht um Sex. Keine Panik! Du wirst, wenn du es zu Ende gelesen hast, jede Menge davon haben, und zwar mit den schönsten Frauen.«

Was derzeit stattfindet zwischen Männern und Frauen, das ist keine Debatte. Es ist ein Machtkampf. Es ist kein Miteinanderreden, es ist ein Übereinanderreden. Dabei wäre genau das der Schlüssel zu Kommunikation, zu Verständnis, zu Entwicklung. Dass mir meine Frau sagt, wenn ich mich wie ein Idiot benehme. Nicht weil ich ein Mann bin – sondern in diesem Moment ein Idiot. Und dass ich diese Kritik höre, sie beherzige und mich von nun an nicht mehr wie ein Idiot benehme. Dass ich mich entwickle.

Dass wir einander zuhören, anstatt nur darauf zu warten, bis wir endlich wieder selbst dran sind mit Reden. Kein Mensch hat jemals etwas in dem Moment gelernt, in dem er selbst gesprochen hat.

Ich bin in den vergangenen zwölf Monaten immer wieder mit diesem schrecklichen Spruch konfrontiert worden, dass Frauen von der Venus seien und Männer vom Mars. Dass eine Verständigung unmöglich und damit selbst der Versuch von vornherein zum Scheitern verurteilt sei. Ich habe diesen Spruch in Stammtischdiskussionen gehört, ihn aber auch in wissenschaftlichen Abhandlungen zur Geschlechterforschung gelesen.

Ich habe mir deshalb überlegt: Was, wenn es wirklich so wäre?

Wenn Frauen tatsächlich eine Spezies von der Venus wären

und Männer eine vom Mars? Wenn sie jahrhundertelang auf ihren jeweiligen Planeten gelebt, nichts voneinander gewusst und sich irgendwie ohne einander fortgepflanzt hätten? Wären Mars und Venus tatsächlich Planeten gewesen, auf denen John Lennon (Mars) und Yoko Ono (Venus) glücklich gewesen wären? Nur mal so ein Gedanke, die Beatles haben sich schließlich damals auf der Erde getrennt.

Nehmen wir nun einmal an, dass zwei riesige Meteoriten auf den Mars und die Venus zurasen würden und Wissenschaftler auf beiden Planeten eine Evakuierung auf die Erde als einzige Möglichkeit des Überlebens sehen. Wenn Männer und Frauen daraufhin in ihre Raumschiffe steigen und sich kurz darauf zum ersten Mal auf der Erde begegnen würden.

Glaubt man den gängigen Klischees aus den Venus-Mars-Büchern, geschlechtsspezifischen Zeitschriften und Sommerkomödien, dann würden da sensible und schüchterne Gestalten auf grunzende Höhlenmenschen treffen. Sie würden sich berühren, beschnuppern, befragen.

Die Frauen würden sagen: Nun guckt euch doch mal an, was es sonst so für Kreaturen gibt auf diesem Planeten Erde! Delfine und Elefanten und Ameisen, Löwen und Amöben und Quallen, Bakterien und Würmer und Antilopen. Da sind wir doch mal froh, dass uns diese Männer da drüben ziemlich ähnlich sind. Natürlich sind sie ein bisschen so, wie in *Star Wars* die Urbevölkerung auf dem Planeten Corellia bezeichnet wird: clever, selbstsüchtig, egoistisch, arrogant, unerträglich. Aber das bekommen wir schon hin. Irgendwie sind sie ja doch ganz niedlich, diese Männer.

Und die Männer würden sagen: Was, es gibt eine Möglichkeit, sich fortzupflanzen, indem wir Sex mit diesen wunderbaren Geschöpfen da drüben haben? Wir sind dabei!

Und dann? Würde es eine Orgie geben, die sieben Tage oder noch länger dauert. Es wäre wunderbar. Es wäre fantastisch. Es wäre der Himmel auf Erden. Es wäre die wahr gewordene Version von »Imagine«.

Und dann?

Würden sich die Frauen darüber beschweren, dass sich die Männer nach der Orgie nicht waschen. Dass der letzte Geschlechtsverkehr unbefriedigend gewesen sei, weil Männer mal wieder nicht zugehört hätten. Dass Männer auch ein bisschen einfühlsamer während der Zeit vor und nach dem Sex sein könnten. Dass es auf der Venus selbst direkt nach dem Urknall noch ordentlicher gewesen sei als in dieser Männerwohnung. Dass Männer so grobschlächtig seien und einen dennoch nicht wirklich vor diesem Bären beschützen könnten – dabei sollen sie genau das sein: sensibel und doch stark, ein witziger Redner und geduldiger Zuhörer, perfekt gestylt und nicht oberflächlich. Einer, der Bösewichte besiegt – aber sich bloß nicht damit rühmt. Einer, der die Tür aufhält und die Rechnung bezahlt, aber ja nicht mehr verdienen darf. Der Frauen wie Prinzessinnen behandelt, auch wenn sie sich wie Hofnärrinnen benehmen. Vor allem, und das ist das Wichtigste: Er soll eine Granate im Bett sein, aber nie – wirklich niiiiiiie – an Sex denken oder gar darüber reden. Ganz einfach also.

Männer würden kontern, dass die Frauen mal wieder zu spät zur Orgie gekommen seien, danach nur genörgelt hätten und überhaupt andauernd versuchen würden, die Weltherrschaft an sich zu reißen. Dass es keinen Spaß mehr mache, abends am Lagerfeuer Witze zu erzählen, weil man dafür sofort mit einem glühenden Eisen gebrandmarkt und vom Sex ausgeschlossen würde. Dass Frauen dauernd Kopfweh hätten und sich dazu beschweren würden, dass beim Plumpsklo in der Höhle der Stein nicht über die Schüssel gezogen wurde. Und sie würden irgendwann vor einem Abgrund stehen und brüllen: Der Mann, den ihr unbedingt haben wollt, der existiert nicht!

Dann würden die Frauen eine Zeitschrift gründen, die *Vogue* heißt oder *Emma* oder *Barbara*, in der sie sich über Männer beschweren. Und die Männer würden auch etwas zusammenschreiben, in einem Produkt mit dem Namen *Men's Health* oder *Playboy* oder *Esquire* etwa, wie sie am einfachsten jene Frauen zum Sex bewegen, die sie in diesem Heft halbnackt abbilden. Darüber würden sich die Frauen dann in ihren Zeitschriften beschweren und dadurch für noch schlimmere Kommentare in der Männerzeitschrift sorgen.

Nach spätestens vierzehn Tagen wäre die Party vorbei – am Ende würden Frauen und Männer in ihre Raumschiffe steigen und lieber aussterben, als mit dem anderen noch einen Tag zu verbringen.

Aber jetzt mal ganz ehrlich: Was wäre daran so schlimm?

Ich habe in diesem Buch bereits eine alternative Lebensform vorgestellt: eine Doppelhaushälfte, in der ich mit meinem besten Kumpel wohne. Der ist zufällig mit der besten Freundin meiner Frau verheiratet; die beiden leben in der anderen Hälfte des Doppelhauses. Eine Männer-WG, daneben eine Frauen-WG. Man kann sich zu sozialen Kontakten im Garten treffen, in der Kellerbar oder auf der Dachterrasse, doch ansonsten leben die Frauen glücklich in ihrem Bereich und die Männer glücklich in ihrem. Es wäre ein harmonisches Zusammenleben mit gleichzeitiger Sicherung der Fortpflanzung und des Weltfriedens.

Mein Vorschlag war spaßig gemeint – und doch glaube ich, dass sie im Silicon Valley gerade genau daran arbeiten. Die Indizien sind nicht zu übersehen. Die Menschen dort basteln ja stets an einer besseren Zukunft, an einer Verbesserung der Welt und an einer Rettung des Planeten. Natürlich kommen dabei auch doofe Nebenprodukte wie 140-Zeilen-Netzwerke, Selfie-Portale und Verabredungs-Apps heraus, aber eben auch diese eine, geniale Idee, die alles verändern wird. Es ist die Kombination aus dem Vorschlag, einen neuen Staat zu gründen – und der Idee von Elon Musk, den Mars zu besiedeln.

Ich bin mir sicher, dass es bei diesen Ideen darum geht, die Menschheit zu retten – doch nicht so, wie uns die Technologiemilliardäre das vorgaukeln. Sie wollen nichts anderes tun, als nur die Männer zum Mars zu befördern. Zur Venus muss niemand, denn Frauen alleine werden ohne Probleme dafür sorgen, dass die Erde auch in zehn Millionen Jahren noch bewohnbar sein wird. Die Männer bekommen den Mars, um ihn mal so richtig einzusauen. Auf dem Mond wird eine Fortpflanzungsstation eingerichtet, auf der sich Männer und Frauen zu harmonischen und völlig stressfreien Kontakten treffen.

Und wenn wir nicht gestorben sind, dann leben wir bis ans Ende der Zeit glücklich getrennt voneinander.

Männer wären dann vom Mars, Frauen von der Erde.

Wie friedvoll wäre das. Wie ruhig. Und wie öde.

John Lennon hat der Welt noch ein Lied geschenkt, es heißt »All You Need Is Love«. Es geht in diesem wunderbaren Lied darum, dass der Mensch alles erreichen kann, was er will – alles, was er dazu braucht, ist ein bisschen Liebe.

Natürlich wird es uns Männern niemals gelingen, Frauen komplett zu verstehen – doch ist nicht genau das so faszinierend? Ist das Leben nicht deshalb viel spannender, weil wir es versuchen, weil wir scheitern und weil uns dieses Scheitern nichts ausmacht? Weil wir es am nächsten Tag wieder probieren, weil wir wieder scheitern – nur ein bisschen besser? Genau darum geht es im Leben. Darum geht es für uns Männer beim nicht enden wollenden Versuch, Frauen zu verstehen. Und umgekehrt.

Dieses Projekt ist gewidmet der Jugend, die sich nicht darum kümmert, was eine Gesellschaft von ihr hält, was die Generation davor von ihr hält. Die ihre eigenen Geschlechtergrenzen definiert und das mit Sicherheit nicht so borniert tut wie meine Generation und alle Generationen davor. Die gerade an einer besseren Welt bastelt. Und der das auch gelingen wird, da bin ich mir sicher. Nicht auf dem Mars und nicht auf der Venus, sondern hier auf der Erde.

Mein Sohn weiß, dass er ein Junge ist – er weiß auch, dass sein Vater ein Junge ist und seine Mutter ein Mädchen. Er weiß, dass es Familien mit zwei Müttern gibt oder mit zwei Vätern – genauso wie er bereits weiß, dass es manchmal nur eine Mutter gibt oder nur einen Vater und dass es auch eine

Stiefmutter geben kann und einen Stiefvater. Er weiß das, weil er die Welt mit offenen Augen betrachtet.

In seiner Klasse gibt es Weiße, Schwarze, Hispanics, Asiaten, Inder – und es ist diesen Kindern völlig egal. Die Eltern sind Christen und Muslime und Juden und Atheisten und Buddhisten. Na und? Ich habe einen Sohn, der beim Anblick eines Schwulenpärchens mit gemeinsamer Tochter sagt: »Guck mal, wie Mitch und Cam in *Modern Family*.«

Er ist der glücklichste Junge der Welt. Mag schon sein, dass früher viele Dinge besser waren, und es mag etwas dran sein, wenn manche Ewiggestrige den »Anfang vom Ende« herbeireden. Aber wenn ich meinen Sohn beim Heranwachsen sehe, dann stelle ich fest: Die Gegenwart ist eine herrliche Zeit – und die Zukunft kann noch viel besser werden. Am Ende vom Ende könnte eine neue, eine bessere Welt stehen.

Es könnte eine Zukunft sein, in der John Lennon kein Träumer, sondern ein Realist ist.

Ja, das ist der Anfang vom Ende – und am Ende vom Ende wird alles gut. In der Zukunft, da wird alles besser.

Ich habe verstanden.

Nachwort

LiebeX LeseX, liebe all(e)Innen,
ich will Ihnen danken, dass Sie dieses Buch gelesen haben. Schriftsteller(innen) haben es heutzutage nämlich wirklich nicht leicht. Natürlich hat es heutzutage niemand wirklich leicht, aber Schreiberlinge/-innen hat es schon besonders heftig getroffen. Als ich klein war, da habe ich immer aufgesehen zu diesen Auserwählten, die einem nicht die Welt so beschreiben mussten, wie sie wirklich war – sondern wie sie sie aus ihrem elfenbeinernen Turm wahrnahmen. In deren *Gerechtigkeit* auch immer ganz viel *Selbstgerechtigkeit* steckte.

Das fand ich toll, ich wollte so sein wie sie, ein allgemein anerkanntes Genie. Ja, ich wollte schon immer Autx werden.

Ich gehöre zu den Vertreter(inne)n jener Theorie, nach der früher so ziemlich alles schlechter gewesen ist – wenn man mal ehrlich darüber nachdenkt. Wir denken nur, dass früher alles besser war, weil wir selbst früher besser waren. Jünger, kräftiger, moderner.

Und jetzt beginnt mein Problem: Wenn der/die Leser*in eine andere Meinung hat als der/die Autor/-in, dann ist der/die Autor/-in ein/-e Schwachko(ö)pf(in). Als Schreiber(in) hat man heutzutage nur dann seine Ruhe, wenn man über was schreibt, das nun wirklich niemanden interessiert oder zu dem jeder die gleiche Meinung hat. Aber um Himmels willen keinen Text, bei dem alle mitreden wollen.

Die oberste Regel für eine(n) moderne(n) Autoren(in): Entweder nur ja nie anecken – oder so derbe aus der einen Ecke publizieren, dass einem der Rest der Welt egal sein kann. Vor allem aber: Niemals einen Text über Frauen und Männer schreiben. Schon gar kein Buch. Das ist schriftstellerischer Selbstmord.

Ich habe es trotzdem getan, weil ich ganz offensichtlich nicht an meinem schriftstellerischen Leben hänge.

Als ich begonnen habe, da hat mir jemand gesagt, dass ich dieses Buch ganz dringend in geschlechtersensibler Sprache zu schreiben habe. Sonst könne das nichts werden.

Ich müsse also die geschlechtliche Wortverdoppelung verwenden, hieß es. Ist das nicht herrlich, wenn man/frau/mensch – nachdem er/sie/es fast sicher ist, dass es *Bürgermeisterkandidatinnen* heißt und nicht *Bürgermeisterinkandidatinnen* – schreiben kann: »Am Sonntag versammeln sich die Bürgermeisterkandidatinnen und Bürgermeisterkandidaten im Rathaus, um die Bürgerinnen und Bürger darüber zu informieren, ob sie gedenken, bei einer erfolgreichen Wahl eine Quote bei der Besetzung von Stellen im Rathaus zu verwenden.«

Oder die sogenannte Lexemunterscheidung, da dürfe ich schreiben: »Es werden Kurse angeboten für Hebammen und Entbindungshelfer, für Feuerwehrfrauen und Feuerwehrmänner, für Kauffrauen und Kaufmänner.« Einhundertvierunddreißig Zeichen, wo neunzig auch gereicht hätten. Wunderbar!

Oder überkompensierende Korrekturen, weil frau daheim zum Abendessen ein paar Menschinnen empfangen konnte, sich jedefrau wohl in unserer Wohnung fühlte und am Ende jede Gastin zufrieden war. Versteht kein Mensch, so was, ist aber politisch korrekt.

Mensch darf sogar kreativ werden und sogar wunderbare Worte entwerfen: die Halünkin, die Haderlümpin oder Baderin. Oder auch das X für die Generation Y: Mein Bruder etwa ist Professx, er belächelt mich immer ein bisschen, weil ich als Journalx über Menschschaften und Sportlx schreiben muss.

Wenn man/frau/mensch also ein Buch über Frauen und Männer schreiben will, dann begeht er/sie/es schriftstellerische Selbstverstümmelung. Autor*innen haben es wirklich nicht leicht, aber sie hätten ja auch Feuerwehrfrauen oder Feuerwehrmänner, Hebammen und Entbindungshelfer werden können. Es zwingt eineN ja keineR.

Ich habe ein Buch über Frauen und Männer geschrieben – und weil ich nun ohnehin schriftstellerisch tot bin, habe ich aus Selbstschutz vor dem Wahnsinnigwerden auf politisch korrekte Sprache verzichtet. Ich habe so geschrieben, wie ich will. Weil ich die Sprache mehr liebe als politische Korrektheit. Außerdem macht man sich viel weniger Sorgen über das, was andere Menschen über einen denken – wenn man sich mal bewusst macht, wie selten sie das wirklich tun.

Deshalb: Wenn es jemandem Spaß macht, dauernd *(innen)* und -*N* und -*X* zu lesen, dann möge er das Buch bitte nochmals lesen und sich das bitte vorstellen. Ich habe es beim Schreiben auch gemacht. Ganz ehrlich.

Es ging in diesem Buch nicht um Leben und Tod. Es geht um Frauen und Männer – also um viel mehr. Möge Go(ö)tt(in) mir deshalb gnädig sein.

Liebe Grüße an allInnen,

Jürgx